経営理論と実践

経営学史学会編

〔第十六輯〕

文眞堂

巻頭の言

経営学史学会理事長　高橋由明

経営学史学会第十六回大会は、二〇〇八年五月十六日から十八日まで、赤、桃、白色のつつじの咲く中央大学多摩キャンパスで開催されました。都心の理工学部以外の法・経済・商学・文学の文系四学部（後に総合政策で五学部）が多摩の地に全学移転をしてからちょうど三〇年になりますが、八年ほど前に大学のすぐ側にモノレールが設置され、交通の便も大変良くなっています。

さて大会では、統一論題として『経営理論と実践』が設定され、経営理論の実践性と経営学教育・経営教育をめぐって、活発な報告討論がなされました。この理論と実践をめぐる研究は、古くて新しい問題であり、アメリカ経営学の研究では、経営学とプラグマティズムとの関係、さらには理論のモデル化（数量化）の意義、ドイツ経営学では、理論科学か応用科学か、純粋理論か技術論か、さらに日本に関しては数量化モデル・実証化の有効性や、「批判経営学」の有効性などをめぐって、それぞれ論議されてきたテーマであります。

この第十六輯の『年報』に掲載された報告と討論が、先学が積み上げてきた学問的蓄積をさらに発展させたかどうかは、読者の判断に委ねられますが、わが経営学史学会が、単なる懐古趣味でなく、先学の議論をより深化・発展させる方向で、会員相互が切磋琢磨した結果が如実に示されていると信じて、巻頭言とします。

目次

目次

Ⅲ　論　攷……123

I　趣旨説明

経営理論と実践

第五期運営委員会

経営学史学会第十六回大会は中央大学多摩キャンパスで開催されることになった。統一論題は「経営理論と実践」であり、これを二つの柱にわけ、サブテーマ１「経営理論の実践性」とサブテーマ２「経営学教育と経営教育」とする。

この統一論題の意図するところを以下で述べる。

経営学史学会が懐古趣味で過去の学説を回顧する場でないことは、折に触れてたびたび確認されているところである。経営学史を踏まえながら経営学の理論的研究をふかめ、現代企業や非企業組織を深く・鋭く捉えること、それを通じて企業・非企業組織の現存在に対して、さらなる発展のための有効な指針やツールを提供したり、ある時はまた、それらのあり方に対して鋭い批判的指摘をして再検討の機会を提供するといったようなことが、何らかの意味で予定されていると言って良いであろう。

このように経営学の理論は、経営の場の現実（経営存在における実践）に関わる研究であることを直接に標榜するにせよ・しないにせよ、何らかの意味において実践の問題と関係せざるを得ないのである。

まずサブテーマ１「経営理論の実践性」について、意図するところを述べたい。

周知のように、アメリカに生まれた経営管理理論の理論的系譜は、真理を経験の結果によって判断し、効果のある発見（真理）とツールを求めていくプラグマティズムをベースにして、実際主義、経験主義、道具主義、操作主義、行動主義、等々の特質の上に、実用主義的な管理理論を発展させてきたと言うことが出来るであろう。推進者に実務家が多く含まれていたという点も特徴である。それは誕生以来、経営の場での現実・実践との深い関わりを持っており、その理論は経営実践における指針・処方箋の基礎理論としての役割を果たしてきたと言える。

他方、ドイツにおいては斯学発生の当初から、学者を中心として、理論学派、技術論学派、規範学派の間で論争がなされ、それは常に経営学が経営ないし企業の場の現実とどのように関わりつつ理論化するかについてのスタンスの違いを背景に持っていた。戦後のドイツ経営学界のアメリカ化の中でこの問題意識がどのように引き継がれているのか・いないのか、現在のドイツでは経営理論と実践の問題をどう考えているのかを、この際その視点から見直してみることも重要ではなかろうか。

日本においてはアメリカ・ドイツ語圏両経営学界からの影響を受けつつ経営学が発展してきたが、さらに独自の立場としての批判的経営学が成立した。マルクス主義をベースにしたこの学派にとっては、資本家的経営学↓批判的経営学↓社会主義経営学という展望の中で、転形期（社会主義経営への）の経営学として批判的経営学が位置づけられていた。この立場からの経営実践との関わりは、自ずから前二者とは異なるものであった。社会主義世界体制崩壊から約二〇年。この立場の論者だった人たちは、経営の場の現実（経営存在における実践）にどのように向き合い、自らの理論の実践性をどのように捉え直そうとしているのかが注目される。社会主義が目指すべき目標であることを失った反面、アメリカ化の国際的広がりの中で、企業や社会にかつてない多くの問題点を露呈してきているように思われる今日、この立場の理論の実践性の意義は何であると考えたらよいのか。

このように経営理論と経営の場の現実との関係には、多様なスタンスがある。しかし、いずれも経営理論の存在意義、現実に対する理論的有効性を何らかの意味で問うている。ここでは、アメリカ、ドイツ（語圏）、日本の三つの理論的流れにおける経営理論と実践のとらえ方の史的パースペクティブに基づいて、この問題の今日的到達点を確認することが求められよう。

次にサブテーマ２「経営学教育と経営教育」についてである。

サブテーマ１「経営理論の実践性」における実践性のとらえ方の相違は、どのような経営学をどのように教え、どのような人材を育てるのかという点と、直接に深い関わりを有している。

今日、経営学教育は高等教育の一環として、専門学校、高等専門学校、短大、大学の学部、アカデミックな大学院、専門職大学院など、多様なレベルと内容において行われている。さらに、中等教育課程における経営教育のカリキュラム組み入れが、経営学研究・教育関係者から要求として出てきている。また、個別の企業や組織体の中では、それぞれの目的に合わせて（経営理論・学の教育と言うよりも）実務に即した経営教育が行われている。

これらの多様なレベルと目的の違いは、経営学教育における教育内容の特質、教育の目標、教育手法、経営の場の現実との関係におけるスタンスなどの相異をもたらしており、経営学教育といっても一律には論じられない様相を呈している。たとえば経営に関する教育は、①良き市民として生きていく上で具有すべき教養としての経営学教育、②経営存在の理論化や理論的認識方法のアカデミックな高度化を進める研究者養成のため経営学教育、③経営存在の中で実際に実務を遂行する高度職業人養成のための経営学教育あるいは経営教育、④経営存在の中で実務に即して行われる経営教育など、「学」・「理論」と実践の関係のあり方、経営（学）研究のあり方についての問題を提起しているように思われる。

したがってサブテーマ２では、学部レベル、アカデミックな大学院、専門職大学院（ビジネススクール）の三つについてそれぞれ報告者をたて、この問題に迫ろうとするものである。

以上二つのサブテーマを通じて「経営理論と実践」について問うてみようというのが第十六回大会の趣旨である。

Ⅱ　経営理論と実践

一　ドイツ経営学とアメリカ経営学における理論と実践

高橋由明

一　はじめに

自然科学であれ、社会科学であれ、なぜ人間は、科学・技術を発展させてきたか、または発展させせなければならないのか？　それは、科学・技術の発展が、人々を生活における困難・束縛から開放し自由にして、人々の生活を豊かにしてきたからである。事態の必然性を科学的に予測しうることは、人を自由にする。

(一)　自然科学では、法則性（ある条件のもとでは必ず起きる規則性）が存在することは、疑いなく認められ主張されてきた。自然現象（気候、地震、地球環境の破壊）の分析から把握された法則から、未来を予測できれば、人間はそれへの適切な対処が可能となり、束縛から自由になることができる。

(二)　それに対して、複数の人間の営みである社会現象を分析する社会科学は、科学的法則性を導出できるのか？　何らかの規則性が見つけられれば、社会現象（経済、経営の行動）についても科学的予測ができるので、経済・経営学者が、経済・経営政策を提言するとか、経営者に対して政策・方策を立案し、良好な経営成果を得ることができる。社会科学では、法則定立科学が存在するのか？

(三) 自然科学では、科学者の意識とは独立して、自然界の事物は独自に運動(活動)をする。科学者は、その活動の原因と結果を分析して、そこから法則(規則性・傾向性)を発見するが、その規則性の発見と真理(正しさ)の保証は、帰納による確率計算での検証(verify)に依拠するのか?(カラスは五〇羽、一〇〇羽目も黒色であったから一〇一羽目も黒色か?)、それとも、K・ポッパーのいう帰納に依拠しない験証(corroborated)方法の「反証(falsified)されないかぎり暫定的に真理である」する立場に依拠するのか?

(四) 経済学者は、ある信念(例えば完全競争の市場参加者の行動を前提)のもとに、マクロ経済行動を観察し、観察者として理論を構築することが可能である。たとえば、「財貨の供給量は、価格が上昇するのに伴い増大するのに対して、財貨の需要量は、価格の上昇に伴い減少する。市場のメカニズムは、供給と需要の均衡をもたらす均衡価格を生み出す」という命題ないし理論に対して、「パンの需要は、その価格が上がっても減少しない」(ギーフェン・パラドックス)という反証例が出されても、需要・供給の理論は反駁された経済理論として排除されなかった。それは、つぎの補助仮説によるのである。「パンやジャガイモなどの価格の安い必需の食料品は、低所得者の消費計画の重要な部分であるので、価格が上がるときは他の高価の食品の消費を制限しても、必需の食品の需要を増やすのである」。したがって、経済学者がある信念のもとで、観察者として理論構築する場合は、自然科学に近い法則が得られるかもしれない。しかし、社会現象に見られる人間行動は、毎回同じであることは稀であろう。

(五) ところが、完全競争の前提(観察者の信念)と違い不完全競争では、経済・経営学者は観察者として行動できるのに対して、経営者や独占企業は、経済・経営学者の提供した目前の市場システムに関する理論から得られた自分の信念を前提に、自分がそのシステムの一メンバーとしてシステムに参加して、ある方策(ある経営者の価格の設定、ないし数社の寡占価格の設定)をもって働きかけをせざるを得ず、その結果を甘受するのである。

また、囚人のジレンマ・ゲーム理論が扱っている、A社とB社は、ある戦略を採用するか否かの事後を予測したときの企業行動から、法則を見つけだせるのか？　経営者の経営行動が加わった社会現象から、観察としての経営学者は、法則定立的規則性を発見できるであろうか？

(六) 上記の諸点を問題意識として、ドイツ経営学とアメリカ経営学において展開されてきた理論と実践に関する見解を素描する。

二　ドイツ経営学における理論と実践の議論

1　グーテンベルグの経営経済学方法論

グーテンベルグは、一九五三年の論文「方法論争によせて」や一九五七年の論文「科学としての経営経済学」では、主にマックス・ウェーバーの方法論（「理念型」と「事実判断と価値判断の峻別」）に基づいていたので、経営経済学研究は、「実践とは無関係」であるとか、「当為（こうすべきという）を問題とせず、事実のみを問題とする」と述べていた。一九六〇年の論文「経営経済学の現状」では、「科学的努力の成果の実践目的への利用可能性は、それは、たとえば医学、物理学、法律学、教育学その他の学問において異論のないようにひとつの科学として承認されることに逆らうものではない」。しかし、科学の成果が「実践に対して利用可能であるかどうか」を知るには、「精神的実験場を必要とする」というふうに変わる。

ところが、後にアメリカのところで説明するH・サイモンに影響され、しかも、一九六三年の論文「社会科学における諸規範の問題について」では、「科学的認識それ自体が反証されないかぎり、検証が科学的認識を妥当とみなすかぎり、確証されている」とか、「科学的認識の客観性は、科学者の個人的活動ではなく、科学者間の相互批判という社会問題である」ということも、認めるようになる。また、資本主義企業の経営絵者の客観的行動規範としての投下資本利益率の最大化の行動も客観的法則であると主張した。

2　批判的合理主義（ポッパー、ラカトシュ）に立脚する経営学方法論

一九八〇年代のドイツ経営経済学において主流であり、グーテンベルグの生産論など数量的な分析を支持する学者たちは、ウエーバーの価値判断と事実判断を峻別し、もっぱら事実判断に関する視点から経営学方法論を精緻化する努力をした。そこでは、ラカトシュ（I. Lakatos）の「研究プログラム」の概念を支持するようになる。

ラカトシュは、ポッパーとクーン（『科学革命の構造』）の間の論争に関するシンポジュームを組織し（一九六五年、ロンドンで）、この会議の著作の編集者として紙上参加し、そこで、研究プログラムの概念を提示した。彼は、ポッパーの初期の著作に見られた「単純な反証主義」でなく「前進的反証主義」を提示した。つまり、研究プログラムは、主要仮説（堅い核）と堅い核の「防御帯」の役割を果たす補助仮説からなり、ある主要言明「価格の上昇にともない需要が減少する」に対して、「パンの価格が上昇しても需要は減少しなかった」は、確かに「反証」であるが、「パンは必需品である」との補助仮説を導入すれば、反証に耐えこの主要仮説は前進するという反証主義である。ラカトシュは、反証は補助仮説を反証し、主要仮説に対してもその反証が妥当する場合は、科学者の多くがそれを否定し新しい科学に移るというクーンの「科学革命」が起きる状態である、と説明をしたのである。

こうしたポッパーの批判的合理主義を支持するギュンター・ドルーゴス、ギュンター・シャンツ、フイイッシャー・ビンケルマン等、またポッパーの単純な反証主義に反対しラカトシュの認識プログラムに基づいて経営経済学を展開したクラウス・ペトリ等の経営経済学者（後の関連文献を参照）は、資本主義企業活動の法則から導かれる企業目的としての利潤を否定することはなかった。そのため、次に考察する労働志向的個別経済学やシュタイン

マン（構成主義経営経済学）から、グーテンベルグの理解する企業の目的は利潤原理であるので資本家・経営者の経営学であるとの批判が、なされた。つまり、企業目的をどう設定するかは、経営学者や経営者の価値判断に関わることで、科学的分析の対象にならないとする、ウエーバーの方法論への批判がなされた。

3　労働志向的個別経済学学派（カプラー等）の方法論

この学派の研究者は、ドイツ労働総同盟（ＤＧＷ）を支持する学者に多く、大雑把にまとめると、共同決定を科学的にいかに理論づけるかが、最大の課題であった。その代表者のＥ・カプラーは、ハーバーマス（J. Habermas）の「理論と実践」の関係についての説明に依拠し、経営政策が理論として耐えうるには、啓蒙過程で「その理論が適用され、特定目標集団のなかで反省過程を触発するとき、その理論がかけがえのない形で検証される」場合である。さらに、適切な戦略の選択、戦術問題の解決は、「理性的な対話状況」の前提（カプラーの立場では、労使共同決定）をつくりだすことである、という見解を示している。したがって、この学派、企業の目標は、労働組合主導で決め、他の利害集団との討論で、政策の適否は決められると考えている。

4　構成主義哲学学派（シュタインマン）の方法論

この学派の経営経済学の内容を理解するには、ドイツではシュタインマンは、ホワイト・カラー、中間管理者グループを意識した経営学を展開していると、考えられていることを、前もって、述べておくべきであろう。シュタインマンは、経営経済学は、「経済行為の目的について言明を構成する規範・批判科学として理解されるべきである」とか、この科学は、「生活実践のなかで正当化される問題解決のための意思決定をするさいの提言を生み出す意図をもつ、実践志向科学として理解されなければならない」と、考える。彼によると、批判的合理主義の考え方では、多元的利害関係者のもとで目標の適否を研究することは、ウエーバーの二元論（価値判断と事実判断の峻別）に基づき不可能である。しかし、シュタインマンの経営経済学では、利害多元的な規範（たとえば企業目標）の根拠付けは、最終的には実践概念に基づかねばならないとされる。しかも、その根拠付けは多元利害関係者間の「超主観的対話（先入観をもたない、強制のない、説得するのではない）」に基づかねばならないのである。つまり、生活実践のなかで、対話の中で共通の言語をもち、多元目的の科学的正当化に努力すること、と考える。しかし、その対話は、ハーバーマスの「理性的な対話状況」の前提を創りだすことではなく、経済体制・企業体制の長期的改革を目標とする。

5　ドイツの企業目的がステークホルダーのためとする理由

ドイツ経営経済学会の最近の研究動向は、取引コスト論、エージェンシー理論の影響を強く受けている。しかし、ドイツ社会では労働組合の影響力は他の国と比べれば依然として強く、かなり長期間社会民主党（ＳＰＤ）が政権を担っていたこともあり、企業は市民のために存在するという意識が強い。さらに、上記にみたシュタインマンの構成主義哲学に基づく経営学は中小企業の経営者、中間管理者などの市民にたいして、労働志向的個別経済学の影響は労働組合に対して、それぞれ浸透している。グローバル化の影響を受けてはいるが、アメリカのように、企業目的が株主価値の最大化であるという考え方は、一般化しているとは言えず、企業は利害関係者のために運営されなければならないという考え方が、広く普及している。労使共同決定が当たり前の社会では、企業不祥事に対する従業員、市民の批判は強く、日本やアメリカのように安易に不祥事は起きないといえる。

三　アメリカ経営学における理論と実践

1　伝統的組織論とバーナード組織論までの理論と実践

アメリカ経営学の理論は、プラグマティズムの影響を受けていることは常識とされながら、各論者の経営学とプラグマティズムとの関係は、それほど緻密に論議されてこなかった、といってよい。近代的組織論の父といわれるバーナードの『経営者の役割は』で論議されている「協働体系」、「組織の内的均衡」、「組織の外的均衡」などの概念は、バーナードがアメリカ電話・電信会社（AT&T）に勤務し一九二七年に社長になってからの経験や、一九二〇―一九三〇年代の知識人・中産階層の革新主義運動の要求、アメリカ大統領の政策、労働組合の状況などを念頭に、「一般に通用」し「容認」されるべき概念として構想されたが、彼の主観によって構想・構成されたものである。「組織に関する概念的枠組みを最終的にテストするものは、それを用いることによって、人々の間に、協働を有効的、意識的に促進したり操作したりできるかどうか、すなわち、この分野における有能な人々の予想能力を増大できるかどうかにある」とする（『経営者の役割』、翻訳、七六頁）。したがって、バーナードにあっては、理論の真理性については、科学者〔経営者〕の判断する有用性、便宜性、道具性といったプラグマティズムの立場にあったと、いわざるを得ないであろう。ここでは、すくなくともテスト・検証は、経営者・科学者の主観に依拠していたと、考えられる。

2　H・サイモン経営学および意思決定論における客観性

ところが、バーナードの意思決定論にコンピュータ技術を考慮し発展させたサイモンは、一九四五年の著作『経営行動』（初版）の第三章の冒頭部分で、「事実的命題は、それが真実か虚偽かを決めるためにテストされえるものであろう」（H. Simon, p. 45-46）と述べ、この問題を扱うには多くの哲学の文献に依拠しなければならないが、「現代哲学の一学派—論理実証主義—の業績をその出発点として受けいれ、意思決定の理論に対してもつ意味を検討する」として、第三章の注（1）で Carnap の一九三六―一九三八年に書かれた論文「Testability and Meaning」や著作などをあげている。しかし、本書『経営行動』の重要な意義は、従来の「ホモ・エコノミックス（経済人仮説）」に代えて「制約された合理性（bounded rationality）」（管理人 administrative man モデル）を提唱し、不確実性のもとでの意思決定の科学化を図ろうとした側面と、意思決定論としての組織論の枠組みを確定しようする側面が含まれていた。

サイモンが、科学的命題のテスト・検証をとりあげたのは、一八五八年のマーチとの共著『組織（organization)』においてであり、そこで「仮説と証拠」の乖離については、「公開されたテスト可能性」が必要と述べていた。サイモンが実証主義について明確に主張したのは、一九七八年一二月八日のノーベル経済学賞受賞の際にスウェーデンで行った記念講演「企業組織における合理的意思決定」においてである。彼は述べている。「ある理論がひとたび確立されると、それは、証拠と一致したそれに代わる別の理論が現れてこない限り、それを反駁する経験的事実が数多くあっても、その攻撃に耐え生き延びていく。確立された信念にたいする保守的防衛は、もちろん非合理的なものといえない」。「理論とデータの間に乖離が見出された場合まずわれわれが衝動的にやることは、それを基礎から再構築することではなく、ただ修繕することなのである。」「乖離が現れた場合でも、・・・問題は理論の基礎的な仮定のところにあるのかもしれないし、あるいは、それは単に、理論と観察とを結びつけるために想定しなければならなかった補助的仮説と測定上の諸前提の欠点にあるのかもしれないのである。構造上、後者の部分を修正すれば、その他のところは十分救えるかもしれない。」（稲葉訳三六五—三六六頁）。この叙述部分は、先に紹介した一九六五年ロンドンで開催された国際哲学コロッキウーム、クーンとポッパー派の間で生じたパラダイム論争の際に、I・ラカトシュがポッパーの「単純な」反証主義とクーンのパラダイム論とを考慮して、彼の研究プログラムが、主要仮説である「堅い核」と堅い核の「防御帯」の役割を果たす「補助仮説」からなると主張したことを、想起させる。もちろん、堅い核がゆるがない限り「科学革命」は生じないし、科学革命が生まれるときとは、防御帯（補助仮説）だけでなく、この堅い核（主要仮説）が反駁されたときなのである。このように、サイモンは、科学の客観性とは、事実命題が、科学者の相互主観的テストにより反証されないかぎり、真理であるとする「漸次社会工学」の立場を支持していたといえるのである。

四 米・英の経営学における法則定立科学に対する考え方
――沼上 幹著『行為の経営学―経営学における意図せざる結果の探究』（白桃書房、二〇〇〇年）に依拠して――

1 一九七〇年代の米国での組織研究方法の変化

米・英での社会学、経営学（組織論）の分野で、理論と実践をめぐる方法論や理論化手続きについて議論されていたようであるが、圧倒的に多数の英語圏の経営学を研究する日本の研究者においては、一部を除きそれほど丹念に研究され紹介されてきたとはいえない。しかし、その数少ない研究者でも、沼上氏の上記の文献は、米英の経営学（組織論）研究の方法論について、体系的に論じた好著であることは疑いない。ここで、筆者の関心の点から一部紹介しよう。

沼上氏によると、一九七〇年代までの英米系の経営学、とりわけ米国の組織論と経営戦略論の領域では、当初から「科学的」に「法則」を定立し、その「法則」を「工学的」に適用するという志向が強かった。そこでの研究者の役割は、社会現象の背後にある因果論的な「不変」（継続・規則的に発生する事象）の法則を経験的に（テストし）明らかにして、その「不変法則」を実践家に提示することである。ところが、組織論研究が、組織をコントロール・システムと理解し、それに寄与させようとの意識が強まることにより、つぎに説明するメカニズム解明を軽視し、カヴァー法則の発見の方向に傾斜したというのが、沼上氏の理解である。

2 二種類の法則定立アプローチ（カヴァー法則とメカニズム解明法則）

沼上氏の著作では、不変の法則が存在するとする法則定立的アプローチには、本質的に異なる二つの立場がある。それは①「カヴァー法則モデル」（イギリス経験主義からの影響）と②「メカニズム解明モデル」（大陸合理主義からの影響）であるが、英米系の主流は②から①の方向に認識論を変更してきている。①カヴァー法則モデルでは、例えばA事象がB事象に変化する原因・結果のメカニズムを問題にしないから、サンプル数の大きさ、統計的一般化が重要である。それに対して、メカニズム解明モデルでは、必然的な因果経路の連鎖の解明が重視される。

同氏によると、①はマクロ変数間の関係を多様な集団にわたって確立していく「方法論的全体主義（holism）」と親和的であるのに対して、②はマクロ変数とマクロ変数を結びつけるミクロ要素の特性や行動を探っていく「還元主義（reductionism）」の考え方と親和する。この方法論に関する両者は、自然科学の領域であれば相互に影響しあい法則定立へと研究者を導くであろう。しかし、②のメカニズム解明モデルでは、必ずしも安定的でない人間の行為を問題とするとき、①のモデルに近づくとはいえない。

沼上氏は、経営学の実証作業でも、①と②は混在している場合が多いという。英米系の研究方法に関する教科書では、因果関係を確認する際に必要な事項として、(a)相関関係（association）、(b)原因変数の時間的先行性（direction of influence）、(c)見せかけの相関の排除、(d)原因変数と結果変数を結びつけるメカニズムの四つが取り上げられ、前三者が①のカヴァー法則モデルから引き出される基準であり、最後の(d)のみがメカニズム解明モデルの重視する基準である。(d)の基準は、近年、カヴァー法則のモデルに織り込まれ再解釈されるなど、重要な位置を占めなくなっている状況にあるが、カヴァー法則モデルが成立するには、変数と変数の間をつなぐブラックス・ボックスのメカニズムがそれぞれの対象でも時間を越えて安定的であるときのみである。

3　社会科学において行為者の「意図」や「意識」を取り扱う「行為記述システム」。

沼上氏によると、従来の社会研究においては、「意図」や「意識」のような要素を取り扱うことを「非科学的」として排除していなかった。社会科学研究を厳密な因果関連を確立していく学問として確立しようとしたウエーバーにとって、行為者の意図を了解することは不可欠な作業であった。しかし、カヴァー法則モデルを重視する研究者たちは、企業を実証研究の対象とする経営学においては実験という手法がとりにくいので、正当化できるコントロール・システムとしての企業組織の因果関係を把握するためには、変数間の共変関係と時間的順序関係を重視し、何度も繰り返し確認できればそれを正当化する方式を採用せざるをえなかったのである。したがって、「意図」という重要な要素もより詳細な媒介変数に分解され、カヴァー法則のなかに含ませて解決できたと考えるか、「意図」の了解は主観的方法を重視する異端として排除したのである。沼上氏によれば、カヴァー法則に基づいた法則定立アプローチの一方的進展が、「行為のシステム」としての企業組織に関する環境記述を、経営学研究の領域から完全に排除していった根本的な原動力であったと批判する。

沼上氏は、社会現象においては不変の法則が存在する条件は極めて限られており、不変の状況、安定した状況が支配的であるのは困難であると考える。それゆえ、①カヴァー法則モデルに基づいた研究努力が到達する知見と、②メカニズム解明モデルに基づいたそれが到達する知見とが同一になるから、カヴァー法則に基づいた研究で十分であり、したがってメカニズム解明努力が不要になる、という主張は決してなされてはならない。①によって獲得された変数システムの記述は、常に②に基づいた行為システムの記述によって補完されないかぎり、記述としては不完全である。しかし、沼上氏は、「経営学の領域では、合理的な選択によって（その規則性が）再生産される場合以外」は、「経験的規則性が・・・が存続する」とは主張できないとする。したがって、カヴァー法則モデルが社会（現象の）研究において妥当でありかつ十分なモデルであると主張する」のは「際立って困難なのである」（同書、一二八頁）とも、述べることになる。

そして、沼上氏は、ここでは詳細な紹介はできないが、「行為システム記述の復権」を主張し、ハーバーマスの『理論と実践』、ショーンの著作（Schon 1983）、ギデンスの著作（Giddens 1984）（関連文献を参照）に依拠しながら、合理性について制約をもちながらも反省作用を行う実践家を「反省的実践家」と呼び、「経営学者と経営者との反省的対話の促進」という、独自の見解を展開し、「行為の経営学」の確立を図らんとしている（同書、二二七―二二八頁）。

五　認識における客観性を保障するための科学者と実践関与者間の相互討論の重要性

これまで、筆者（高橋）の研究に基づきドイツの経営経済学における認識の客観性についての議論、また沼上氏の重厚な米・英の組織論研究におけるカヴァー法則とメカニズム解明法則に関する科学的方法の理解の違いを見てきた。私は、ここで、沼上氏が主張しているように、社会科学において法則を発見するのは極めて困難であるから、可能なかぎり法則（真理）に近づく方法を探求していくことの重要性を指摘したい。

批判的合理主義の立場の人は、提言仮説はテストされなければならないが、そのテストとは、科学者〔その場に関与する科学者〕の相互主観による開かれた討論によって、暫定的に真理を決めることになる。私は、このポッパーを発展させたラカトシュの研究プログラムに基づく立場は、科学的営為における検証の概念の精密化に貢献したと考える。しかし、社会科学における検証の意味を考える場合、ウエーバーの動機的理解とつながる右記のメカニズム解明の方法と、ウエーバーが「文化科学的領域における批判的研究」という論文で、右記のカヴァー法則の理解と関係すると思われる、客観的可能性の判断が、結局は確率的頻度にならざるを得ないと指摘している（「Ⅳ　文献」21のWeberの論文を参照）ことも、重要なことであると考えている。

批判的合理主義に対して、シュタインマンの構成主義学派や労働志向的個別経済学学派（いわゆるフランクフルト学派のハーバーマスの主張に依拠する）の人々は、ウエーバーが党派性ないし価値判断の問題に属するため科学の考察対象に出来ないと考えた、目的設定の合理性の検証については、科学者を含む関与者の間の開かれた討論・対話によってのみ、接近しうるとの立場をとっている。この点への考慮も極めて重要である。なぜなら、現在、合理的企業目的として、アメリカでは株主価値の極大化、ドイツではステークホルダーの利益の調和が主張されているからである。

参考文献

Boudon, Raymond, *The Logic of Social Action*, Routledge & Kegan Paul, 1981.
Boudon, Raymond, *The Unintended Consequences of Social Action*, Macmillan, 1982.
Boudon, Raymond, *Theories of Social Change : A Critical Appraisal*, Cambridge : Polity Press, 1986.
Donaldson, Lex, *In Defense of Organization Theory*, Cambridge University Press, 1985.
Dubin, Robert, "Theory Building in Applied Areas" in Marvin D. Dunnete, *Handbook of Industrial and organizational Psychology*, Chicago : Rand McNally, 1976.
Giddens, Anthony, *New Rules of Sociological Method*, Oxford : Polity Press, 1993.
Hoills, Martin, *The Philosophy of Social Science : An Introduction*, Cambridge University Press, 1994.
Mintzberg, Henry, *Managers not MBAs*, Berrett-Koehler, San Francisco, California, 2004.
沼上　幹『行為の経営学―経営学における意図せざる結果の探究』白桃書房、二〇〇〇年。
高橋由明「バーナード組織論とその理論的背景」『商学論纂』一一巻五号、中央大学商学研究会、一九七〇年。
高橋由明「第三次方法論争の問題点―グーテンベルクとメレロヴィッツの認識方法、理論と政策との関連に焦点を合わせて―」『商学論纂』一四巻四号、中央大学商学研究会、一九七三年。
高橋由明「西ドイツ経営経済学における第三次方法論争と新実証主義方法論との関連について」『商学論纂』一七巻二号、中央大学商学研究会、一九七五年。
高橋由明「西ドイツ経営経済学における価値判断問題をめぐる論争について（上）」『経理研究』二四号、中央大学経理研究所、一九七六年。

高橋由明「科学方法論における検証の問題―ウェーバー、新実証主義、マルクス主義の方法と関連して―」『中央評論』（一三七）二八巻三号、中央大学、一九七六年。

高橋由明「西ドイツ経営経済学における価値判断問題をめぐる論争について（下）」『経理研究』二六号、中央大学経理研究所、一九七六年。

高橋由明「現在西ドイツ経営経済学方法論における三つの潮流（上）」（『商学論纂』二一巻一号、中央大学商学研究会、一九七九年。

高橋由明「現在西ドイツ経営経済学方法論における三つの潮流（下）」（『商学論纂』二一巻三号、中央大学商学研究会、一九七九年。

二　経営理論の実践性とプラグマティズム
――ジョン・デューイの思想を通して――

岩田　浩

一　分析の視点――プラグマティズムの復権と実践哲学の動向を踏まえて――

周知のように、アメリカ経営学は、アメリカ経済の発展と企業経営の大規模化が進行する過程で経営実践の必要の中から、概ね二十世紀初頭に経営管理の学として成立した。経営の現実的な実践的要求に応える学問として、アメリカ経営学は当初より理論と実践とを不可分のものとして捉え、実践志向的な管理理論を発展させてきた。このようなアメリカ経営学に見られる特質は、ほぼ同時期に生成したアメリカの哲学思想であるプラグマティズムの認識論的特質とも通ずるところがある。人間の認識作用を従来の「観想的」なものから「実践的」なものに理解し直すことを主唱するプラグマティズムの思想には、理論と実践の不可分性・連続性が深く刻み込まれている。認識における実践的側面を重視し、観念・概念の意味を起こりうる行為の実際的効果との関係で常に捉えようとする姿勢は、新世界アメリカの精神的風土を色濃く反映したものであり、経営の現実ともよく符合する。ここに、「プラグマティズムの哲学がアメリカ経営学のバックボーンをなしている」(1)と言われるゆえんがある。

だが、"pragmatic"という語に含まれる「実用的な」とか「現実主義的な」といった意味合いが影響してか、アメリカ経営学者によるプラグマティズムの受容過程を瞥見したとき、それは当面の状況に合ったやり方で問題を迅速に処理し、実利の追求に勤しむ態度として通俗的に解釈されることが多かった。「アメリカの企業理念の強みの一つはプラグマティズム、すなわち矛盾した事柄にほとんど頓着することなく仕事をこなしていく行動様式にあった」[(2)]と語るゲラルド・カバナフの主張は、その典型的なものである。当然、このような実用主義的な解釈では、プラグマティズムの創設者達が主張してきた人間の精神活動に含まれる知的ならびに道徳的価値の側面が見落とされてしまいかねない。こうした傾向は、くしくも第二次世界大戦を機にヨーロッパからアメリカに渡った論理実証主義がアメリカ経営学にも波及し、実証主義的な管理論の流れが勢いを増したことにより、一段と強まった。アメリカ経営学がプラグマティズムを思想的基盤としながらも、その道徳論や価値論にこれまで十分に踏み込むことができなかったのは、どうやらこのあたりに起因するのかもしれない。

さて、ここで一九八〇年代以降のアメリカ哲学の潮流に暫し目を向けてみよう。すると、興味深いことに、プラグマティズムの哲学思想が再評価されてきたことが見て取れる。特に近年、デューイを中心とするその道徳的・価値的側面に脚光が当てられる傾向が強い。例えば、アメリカ哲学界の重鎮、ヒラリー・パトナムは、「アメリカのプラグマティズムの哲学者の論議には真剣に価値に取り組む知的構造がないという固着観念と闘う」[(3)]べく、古典的プラグマティスト（特にデューイ）の著作に回帰し、プラグマティックな道徳的探究が今日の「開かれた社会」の構築に資することを積極的に説いている。二十世紀の文明社会を支えてきたアメリカ産業文明が陰りを見せ始めてきた、この文明の転換期に、デューイが再評価されてきたことは、彼の思想の内に産業文明の暗部を鋭く抉る批判的叡智が潜んでいることを暗示するものと言えようか。

翻って、八〇年代以降のアメリカ経営学を振り返った時、反社会的・非人道的な経営行動の露見を背景に、経営倫理学や社会的責任論（ＣＳＲ）が注目されるようになってきた。ただし、そこでは、アメリカ哲学界のようなプラグマティズムへの高い関心は、今のところ際立っては見えてこない。だが、少し子細に調べれば、プラグマティズムの哲学思想がそこに確実に浸透していく息吹が感じられる。例えば、二〇〇二年に刊行された『実践学――実践哲学とその方法論の国際年報』の第一〇巻には『実践学とプラグマティズム』(4)の総題の下、一二本の論文が収められたが、その内の四本はプラグマティズムの思想的立場から経営倫理学やＣＳＲに言及された論考であった。このことは、経営倫理学を経営の実践哲学として捉えていく過程にプラグマティズムが有意味な示唆を提供しうることを暗に語りかけているものと言えまいか。

こうして見ると、アメリカ経営学にもようやく、プラグマティズムの道徳哲学や価値論に真摯に向き合い、その「実践的転回」の真意に触れようとする機運が芽生えてきたのかもしれない。そこで、本稿では、かかる傾向をより確実なものにすべく、デューイの思想を軸にして、先に掲げた二つの論点を中心に考察していくことにしたい。まずは、彼の社会思想書『新旧　個人主義』(5)を取り上げ、二十世紀の文明社会を牽引してきたアメリカ産業文明に対する彼の見解を概観しよう。そこには、公共的精神を欠如した産業化の蔓延に対する危惧が込められているだけでなく、新たな文明社会を切り拓いていく任を経営者に託す彼の思いも率直に綴られている。そして次に、経営倫理学を実践哲学との関連で捉えんとする論点をめぐり、そこで不可避的に生じうる喫緊の課題――すなわち「正しい判断をいかにすべきか」といった難題――についてデューイの道徳的・実践的判断論を頼りに試論的に論及することにしよう。以上の考察を通じて、これまでプラグマティズムに絶えず付き纏ってきた実用一点張りのイメージを払拭し、それが経営理論にもたらしうる本来の実践的意味を浮き彫りにしていきたい。

二　アメリカ産業文明の盛衰と経営者の実践的課題

1　「貨幣文化」としてのアメリカ産業文明の光と影——デューイの不安

周知のように、二十世紀の文明社会を特徴づける産業文明は、両大戦間期（一九二〇～三〇年代）のアメリカにおいてほぼ確立された。所有と経営の分離を背景にした企業の大規模化、大量生産・大量販売方式の確立、大衆消費社会の出現といった現象で彩られるこの時代を、デューイは機械と貨幣から成る「貨幣文化（money culture；pecuniary culture）（pp. 5-6.）」として批判的に捉えて見せた。以下、彼の所見を瞥見することにしよう。

デューイは、当時のアメリカの民衆が「交換手段としての貨幣ならびにそれを獲得するための一連の活動が人間の他の活動を根本的に規定する（p. 5.）」世界に生きていると見た。そこでは、極端な経済決定論と自由競争が跋扈し、「感傷や共感」といった道徳的感情が著しく低く評価されていく現象が見られた。このように、経済的・金銭的価値以外の諸価値の後退が顕著になる一方で、物質主義・拝金主義的行動様式が蔓延していく状況、これこそが彼の唱える「貨幣文化」の真骨頂なのである。こうした貨幣文化は、企業の発達とともに台頭してきた。そして、この企業の発達は人々の社会生活を企業中心、組織中心へと劇的に移行させた。その意味で、貨幣文化とは「組織の時代」の幕開けを告げるものでもあったわけだ。さて、大規模化した企業組織は、高度な機械と技術を駆使して、標準化・規格化されたモノを大量に生産し販売していく。この大量生産によるコスト低減は、労働賃金を引き上げ、大量消費を引き出し、それが新たな大量生産を引き起こす。ここに、大量生産方式の恒常的な経済成長を促す循環が成立する。大量に集められた労働者は、この方式の中に組み込まれ、「科学的」な職業訓練を受けることになり、その結果、技能と職業気質を剥奪され、機械の一部に成り果てた労働者が大量に世に送り出されることになった。また、一般大衆も生活様式を数量で表現することに順化し、技術信奉を高め、画一的なモノによって知的・情緒的満足を得る傾向を強めていった。かくして、「人間精神の非人格化（impersonalization of the human soul）」の兆候を具現化する「数量化、機械化、標準化がアメリカ的様式（the Americanization）の徽章」になりゆくのである（p. 12.）。こうした理念に支えられた貨幣文化は、未曾有の物質的繁栄を追い風にして益々「物質主義、拝金主義、享楽主義」に染められていく。デューイは、この経済的繁栄の最盛期の中にアメリカ文明の深刻かつ根源的な欠陥を見出していくのである。彼の所見を簡単に追ってみよう。

デューイにとって、個性の安定と統合とは、本来「明確な社会的諸関係や公認された諸機能の産物である（p. 27.）」。にもかかわらず、貨幣文化では、個性は利己的な金銭取得の競争に勝ち抜く能力として矮小化して捉えられがちになる。例えば、アメリカ文明の実質的支配者たる金融や産業の指導者達は、自分達の事業に対する社会的評価に満足を得るのではなく、もっぱら「その社会的成果を私的利潤に転化する（p. 27.）」衝動に駆られている。そして、その下で働く労働者達は、自分本来の知性や情緒がほとんど利用されぬまま、上司から与えられた目的をひたすら実行するだけの「働き手（hand）」となることで、仕事から美的感性を収奪されてしまう。その結果、「精神と肉体の完全な分離といった哲学的理念は、多数の産業労働者において実現されることになり、結局そこに残るのは、疲れ果てた肉体と空虚な歪められた精神（p. 64.）」だけになってしまったのだ。

このように、デューイの目には、貨幣文化の情景は「社会的状態の中に調和が欠如している」中で人々が孤立感、焦燥感、空虚感を募らせ、大いに混乱し当惑しているように映った。「個人が膨大で複雑な社会組織の中に組み込まれているにもかかわらず、そのことが想像的かつ情緒的な人生観にどのような意味があるのかについての調和のとれた一貫した省察が存在しない」、このような社会感覚や公共的精神の欠如した空虚な状況をデューイは「個性の喪失（the lost individual）」と呼び、大いに憂慮した（p. 41.）。かくして、貨幣文化の出現は、「信念の確固たる対象がなく、社会的に是認された行動目標が見失われている（p. 26.）」状況の中で、個人が個性を見出しえない深刻な事態を招くことになったのである。

以上のように、両大戦間期のアメリカ社会は、経済的・物質的繁栄の陰で、人間の精神的・道徳的要素が次第に薄らいでいく時代でもあった。もとより、「精神の偏った歪曲から生ずる心的貧困は、最終的には物質的貧困よりも重大である（p. 63.）」と考えるデューイにとって、こうした「個性の喪失」状況から脱却すべく、貨幣文化をいかに改革するかということは最大の関心事であったし、またそれが実現できなければアメリカ文明の真の意味での発展はありえないことをも十二分に承知していた。彼にしてみれば、この顕著な産業化の時代に相応しい高い精神性や教養を備えた文化を新たに打ち立てることなく、安易に貨幣文化一色に彩られたアメリカ文明を普遍化することは、それが抱える深刻かつ重大な問題を世界中に拡散することになりかねないと思えたのだ。彼は言う。「機械的・産業的文明と文化の関係が現在最も深刻かつ緊急な問題であるのは当然のことである。もし『アメリカ的様式』が普遍的であるならば、それはまた世界の問題である。それは極めて広範な哲学的問題を生み出す。人間と自然、精神と物質の関係は、その意味で重要性を帯びてくる（p. 61.）」、と。

2　文明発展の鍵を握る経営者の役割――デューイの予見

果たして、デューイの不安は現実味を帯びてきた。二十世紀の文明は、多分にこの「貨幣文化」に彩られたアメリカ文明をモデルに築かれてきたことは否めない。実際、経済的価値を基底に据え機械主義・技術主義を全面的に推し進めていくアメリカ的行動様式が普く浸透することで、経済のグローバル化と情報化が大きく進展し、二十世紀は未曽有の物質的豊かさと経済的成長を享受することができた。だが、それと同時に、「貨幣文化」に纏わる種々の難問（例えば、環境問題や人間疎外の問題の深刻化）を抱え込んでしまったことも無視できない。二十一世紀を迎えた今日、デューイが指摘したように、経済至上主義に偏向した貨幣文化を打破して、個性の発展が経済的チャネル以外にも多面的に向かうような確固たる精神的基盤をもった新たな文明社会を打ち立てることが早急に求められるのである。もとより、産業文明は企業経営の進展によって切り拓かれたのであるから、かかる文明が引き起こした諸問題は実践的課題として直接経営に向けられることになるはずだ。だとすれば、より良い文明社会の開拓に寄与すべく、経営者が逸早く良識ある判断力を培い、積極的な役割を果たすことが自ずと求められることになろう。そして、このことをデューイは既に予見していたのである。

彼は、産業化が進んだ社会が貨幣文化から脱却して高度な精神文化を確保するためには、「産業組織がそれに関わる人々のための最も重要な教育的ならびに文化的〔教養的〕な力（a primary educative and cultural force）にならなければならない（p. 65.）」と論じることで、企業が人々の「人格的発展」に寄与する機関として「高度な教養人（highly cultivated persons）」を育成しうる可能性に触れている（p. 66.）。そして、そのためには、経営者がビジネスの「社会的諸結果の感覚」を研ぎ澄ませ、財やサービスの使用者や享受者の観点から企業経営のあり方を考えて運営することが肝要であると付言している。要するに、デューイにあっては、産業化の進んだ文明社会が精神と物質のバランスの取れた高次の成長を遂げるには、経営者が社会に対して責任を徹底的に果たしていくという前提がなければならないのである（pp. 65-66.）。言わば、「ビジネス・マインド（p. 61, 69.）」の道徳的覚醒こそが文明発展の鍵を握るもの、と彼は確信していたのだ。このように、デューイは、貨幣文化を改革して個性の喪失を取り戻すために、経営者が責任ある改革の担い手として中心的な役割を果たすことを期待した。当時の貨幣文化全盛の時代ではほとんど注視されなかったこの彼の知見は、文明の転換点にある今、新たな文明社会に向けて経営の主導的役割について考える一つの糸口を提供してくれるのではなかろうか。

ところで、デューイの文明批評は結局、実践を通して文明の発展に寄与すべきであるという壮大で至難な課題を経営者に提供することになったが、このことは、経営のあり方をその時代の精神に照らして絶えず探求していく実践的要請を迫ることにもなろう。そこで、次に、この点に考察の矛先を向けることにしよう。

三　経営理論の実践哲学的転回とプラグマティズム

1　経営理論の道徳化と実践哲学

企業経営の進展によって切り拓かれた二十世紀産業文明は人間社会に功罪両面に渡り多大な影響を与えてきたが、特に前世期後半以降、人間疎外や環境破壊といった社会的病理・生態的危機を露呈させてきた。このような行き過ぎた経済合理性至上主義がもたらす負の側面が社会問題化するにつれ、企業経営に対して高次の倫理性・社会性を求める傾向が強まってきた。こうした流れを受け、アメリカ経営学では一九七〇年代に「経営と社会」と呼ばれる学問領域が誕生し、それを機に経営の社会的責任論や経営倫理学が盛んに考究されるようになった。

さて、ここで興味深いことは、冒頭で触れたように、近年、実践哲学とプラグマティズムとの関連を探る中から経営の倫理や責任の問題に取り組む試みが現れてきたことである。このことは、これら三者の関係を探索することが経営理論の実践性に関する考察を深めていく一つの手掛かりになることを示唆しているのではなかろうか。そこでまず、実践哲学と経営理論の関係について概観することから始めてみたい。

実践哲学とは、端的には人間の生の営みとしての実践を扱う哲学と考えられる。では、「実践」とは、そもそもどのような営みを意味するのだろうか。古典的な解釈では、実践（プラクシス）とは、真理を客観的に外から観想する知恵（ソピア）や、モノを制作・改造したりする技術（テクネー）とは異なり、自己の人格形成、つまり「善き生」に関わる行為的・意志的なものとみなされてきた。アリストテレスに倣えば、それは、習慣によって形成された性状（エートス）としての「倫理的卓越性」と、蓋然的・可変的事象に関わる知慮（プロネーシス）としての「知性的卓越性」という二つの卓越性（アレテー）を兼備した活動、すなわち良き性格と知慮に即した活動として「善く生きること」、「善く為すこと」にほかならない。[6]かように、実践には本来、正しい目標をめざす徳性とその目標を臨機応変に成し遂げる能力とが分かち難く結合していたのである。現代の実践哲学は、この原点に立ち返り、倫理的な性格が後退し功利的な性格を強めてきた近代以降の実践に対する偏向した観念に歯止めを掛け、本来の良き性状と知慮の融合の上に成り立つ社会的実践のあり方の再検討をめざしている。このことは、経営活動のエートスを追求する現今の経営理論の道徳化の動向とも軌を一にしており、ここに経営学と実践哲学との親密な繋がりを推察することができる。この点を踏まえて経営に求められる実践をやや抽象的に表現すれば、それは、「善き生」を他者とともに、そして他者のために、正しい経営行動を通して送れるようにしていく倫理的かつ知性的な営為である、と概ねみなすことができよう。では、アメリカ経営学の思想的基盤と目されてきたプラグマティズムは、この経営理論と実践哲学との思想的連関に資することができるのだろうか。この点を確かめるべく、以下では「判断」をめぐるデューイの見解に着目することにしよう。

2　判断論のデューイ——試論的一考察

真偽を明確に把握するための確実な羅針盤のない、そして常に価値間の対立に晒される危険と不安が付き纏う状況の中でいかに善く生きるかといった切実な実践的難問を前にして、今日の実践哲学では「良き判断をどのようにするか」という論点に関心が注がれている。カントの美的判断論を実践的な政治哲学に応用したハンナ・アレントが近年評価されるのは、そのためである。おそらく、経営理論も実践哲学との交流を深める中で早晩、道徳的判断をめぐる議論が本格化してこよう。だとすれば、経営理論の思想的基盤たるプラグマティズムも、この議論に資するような有意味な示唆を提供せねばなるまい。では、これまでプラグマティズムは「判断」の問題とどのように向き合ってきたのか。私の知る限り、これに関する纏まった文献はないが、幸い二十世紀初頭から三〇年代のデューイの著作を渉猟すると、道徳的・実践的判断に関するものが散見される。そこでここでは、それらを繋ぎ合せ、判断をめぐるデューイの所見を試論的に組み立てることで、プラグマティックな判断論の一端を掴むことにしたい。そして、その過程で経営理論の実践哲学的傾向に資するような着想を摘出することにしよう。

「価値づけの基準は、実践的判断の中で形成されるのであり、……外から取得され、その中で適用される何ものかではない」[7]。この一文から推測されるように、デューイの考える道徳的判断とは、単に善悪の二元論に還元できるものではないし、また先行する価値基準を特定の状況に適用するだけの機械的なものでもない。彼にあっては、「価値を判断することとは、何らの価値も与えられていないところで一つの決定的な価値を制定することに携わること」[8]なのである。ここに、デューイの唱える実践的判断としての道徳的価値判断に宿る実存主義的性格を看取することができる。このように、道徳的判断を、既存の規則をある状況に適用することではなく、具体的状況の中で価値を形成していくことに関わる実践的判断であるとした点には、単なる既存の価値基準への盲従が判断者としての自己を受動的な義務の主体へと化し、結果的に判断者から価値を創出する自由を剥奪してしまうことへの危惧が込められていよう。こうしたデューイの視点は、被覆法則的な経営倫理原則の規格化・標準化に邁進するあまり、見落してはならない重要な点である。

ところで、デューイは、ある論文の中で「道徳的判断とは、判断される状況と、判断する行為の中で表れる性格あるいは性向との絶対的な相互決定に影響する判断である」[9]と述べている。この文面から読み取れるように、道徳的判断では、性格や性向といった人格的な要因と外的環境的要因が共にその判断を制御する条件を構成するのである。そこでのポイントは、これら二つの条件が相互に調和的に決定し合う関係にあるという点である。というのも、道徳的判断が人格的要因だけで判断されてしまうと主観主義や独断論に陥りかねないし、逆に客観的条件だけで判断されると判断者の主体性が奪われかねないからである。要するに、このような道徳的判断における「判断者と判断される状況との相互決定」ということから導出される一つの帰結は、「道徳的判断は実際には『社会的』という意味をもつ個人間の関係を築く」[10]ということになろう。かように、道徳的判断を判断者の性格と外的状況との相互関係において把握することで、判断を自己性に閉ざされたものではなく、外的に晒された公共的なものとした点は、道徳的判断を自己中心性や独善主義から救うための有用な作法となろう。このようなデューイの考え方は、社会から信頼される経営を実践するうえでも当然強く要請されるものと言える。

では、独断論に陥ることなく社会的に是認されうるような判断は、いかにすれば可能なのだろうか。この問いに対してデューイは二つの条件を示している。

まず、彼が提示するのは「共感（sympathy）」と呼ばれる情緒的機能である。[11]独善的な立場を離れて他者の観点から物事を見たり、他者が要求しているものを敏感に捉えたりするこの機能は、判断者に「拡大された人格」を植え付けることで健全な道徳的判断を実現するための重要な条件である。また、デューイは、「たとえ他者がわれわれとは反対の意見をもっていたとしても、彼らの知性や人格に対して共感的に配慮する」[12]ことの必要性を説いているが、それは異質な他者との対話や関係を遮断することなく、より包括的な善を協働的に実現するための可能性を開くことになろう。かくして、道徳的判断が「社会的」という意味をもつ個人間の関係を築くことにほかならぬゆえ、自他の相互作用を可能ならしめる共感は、重要な位置を占めるのである。

次にデューイが良き判断を実現するための条件として注目するのは「道徳的熟慮（moral deliberation）」と呼ばれる資質である。[13]人間は多分に過去に経験した行為の意味を自己の習慣の中に取り込み、類似した場面に遭遇した時、その一部を回想して用いることで直感的に判断を下す傾向がある。だが、対立した諸価値が複雑に絡み合った新奇の状況では、安易にこの直感的判断だけに頼ることはできない。そこでの判断過程では、当該状況の解決的観念が慎重に見定められなければならない。言わば、道徳的判断の客観的妥当性には、過去と未来とをうとが肝要なのである。

まく接合させ、直面する独特な道徳的問題状況をいかに解決していくかといった重要な機能が要請されるのである。デューイは、ここに熟慮の本性を捉える。かように、良き判断の実現には、熟慮と呼ばれる想像的実験作用を通して、判断が直接的欲望によって不当に支配されたり、慣習的行動の溝に落ち込んだりしないようにすることが肝要なのである。

　このように、判断の客観的妥当性を確保すべくデューイが提示した二つの条件、すなわち「共感」を通じて視野の広い思考様式に立つこと、ならびに「道徳的熟慮」を通して軽率な即断的行動を回避することは、経営とその利害関係者との良好な関係を築き上げるための不可欠な条件になろう。しかしながら、これらの条件を充たすことで、たとえその判断の妥当性が保証されたように見えても、それはあくまでも暫定的で一面的なものに止まらざるをえない。というのも、いくら他者の立場に配慮してもそこには自己の視界に入ってこない他者が常に存在しうるし、またいくら結果の諸可能性を熟慮しても未来の状況は必然的に不慮の出来事によって左右されうる以上、判断は常に新たな価値の対立の呼び水になることを避けられないからである。このように、問題状況の解決は新たな問題を生み出すアイロニーを常に孕んでいるがゆえに、道徳的判断は決して終止符を打つことのできない未完の営為なのである。

　デューイは、この判断が有する一面的で暫定的で過渡的な性格をよく承知したうえで、それを経験の連続性との関連で成長・改善の過程として描写している。彼にしてみれば、「公共性とコミュニケーションに耐えうるか否か」[14]が善の真偽を決める唯一のテストである以上、道徳的判断は公共的空間を共有する他者の呼びかけに傾聴し、それに応答し続けていかねばならない。この応答責任を途中で放棄するとき、判断はたちまち独善主義の隘路に陥ってしまう。こうして見ると、彼の唱える成長の過程としての道徳的判断には、他者への応答を切断することなく、実践的経験の中でより良い判断を積み重ねていこうとする一種の誠実な「改善論」の息吹が感じられよう。

かくして、彼がかねてより主唱してきたように、「経験の連続性の公理（*the postulate of continuity of experience*）は、道徳的判断の誠実性を確保し、それを孤立（つまり先験論）から守る」[15]要諦なのである。

かように、共通の関心事をめぐりさまざまな意見が競合し合う公共的空間において、「判断は不確実な可能性以上のものを達成することができない」[16]としたデューイの見解は、道徳的判断の完結不可能性を表すと同時に、それに伴う「責任の無限性」をも示唆していよう。たとえ十全に共感を働かせて他者の立場を熟慮しても、そこにはそれでは捕捉しきれない他者が存在しうる以上、道徳的判断には新たな問題状況を生み出す可能性が潜んでいる。それゆえ、「良い判断を下した」と満足して判断に完全な終止符を打つことは、他の他者達の呼びかけに対する応答可能性＝責任能力を放棄することで、判断を自己性の檻の中に閉じ込めてしまいかねない。その意味で、判断の改善的更新は、責任の無限性によって裏づけられることになろう。このようなデューイの考え方は、経営者の道徳的判断を独断論や独善主義の罠に陥ることから守るとともに、経営の「同質性」を打ち破る機会を提供することにも繋がろう。かくして、経験の連続性の公理に支えられた道徳的判断とそれに伴う責任の無限性は、公共的空間に開かれた存在として経営が存続していくための重要な条件であると考えられるのである。

以上のように、デューイは、自己と他者との関係性の中からより良い判断を絶えず求めていく過程に道徳的判断の本質を見抜いた。言い換えれば、道徳的判断過程は、自己の人格的成長を必然的に伴うと同時に、他者の成長ひいては社会の発展にも寄与しうるものでなければならない。要するに、彼が希求したのは、重大な実践的決断が人間の相互的な成長の機会となりうるような良き判断の方途を探究することであったのである。

四　結　言――経営の社会的実践を支える思想としてのプラグマティズム――

本稿では、デューイの文明論と道徳的判断論をめぐる考察を通じて、プラグマティズムの道徳的・価値的側面の一端に些少の分析を加えてきた。彼の文明論は、貨幣文化としての産業文明の暗部を巧みに暴き出すとともに、来るべく文明社会の開拓にとって経営者のビジネス・マインドの道徳的覚醒が不可欠であることを明示してくれた。また、彼の道徳的判断論は、判断を他なるものに公的に晒すことで、その妥当性を常に自問しながらより善く生きていくための一つの有用な手掛かりを与えてくれた。こうした視点はいずれも、現今の経営理論の道徳化の動向に有意味な示唆を提供しうるものと考えられる。

企業経営の大規模化に伴う利害関係者の種類の多様化が進む中、経営活動に関わるあらゆる利害関係者の利益に配慮することが時代の要請であり、また歴史の趨勢である以上、現代の経営は、畢竟、公共圏に開かれた「有徳な経営」をめざしていかなければならない。公益を無視し、ただひたすら自己利益のみを追求していく視野の狭い短期志向的な企業経営が相次ぎ破綻もしくは頓挫していく現実を鑑みたとき、社会全体の利害に配慮した企業経営のあり方を探求していくことこそが、迂遠的ではあるが最も実践的で実用性に富んだ経営理論へと繋がる筋道であろう。そのためには、ともすれば独善的で自己閉鎖的な共同体的性格を帯びやすい企業経営の属性を抑止し、経営があらゆる利害関係者とともに公共的空間の中でより善く生きていける社会的実践の作法を模索していかなければなるまい。言わば、良き性状と知慮に即した行状に関わる実践的な経営のあり方が真に問われているわけだ。だとすれば、ここで提示したデューイの知見は、このような公共性の観点から経営のあり方を問い直す動きを支援する一つの思想的な拠り所になるに違いあるまい。

さて、およそ一世紀前、デューイはプラグマティズムの行く末について次のような言葉を書き残した。「私はプラグマティズムの未来を予言するつもりはないが、一般に知的不誠実だと現在非難されているこの哲学の本性は……将来において道徳的正当性のための哲学（philosophy for righteousness' sake）とみなされるようになるであろうと述べておきたい」(17)。そして、この予言通り、哲学界では道徳的探究を核心に据えてプラグマティズムを再評価する兆しが顕著になってきた。こうして見ると、どうやら経営学もプラグマティズムに対する通俗的な解釈に別れを告げ、アメリカ古典派プラグマティズムに宿る思想的特徴、わけても人間の精神活動に見られる知的ならびに道徳的価値を重要視する側面に真摯に向き合う時期が来たのではなかろうか。この側面に焦点が当てられる限り、プラグマティズムは今なお経営の社会的実践のあり方を探求する経営理論の思想的基盤として寄与し続けることになるであろう。本稿は、この点を明らかにするための試論的な一考察であった。

注

（1）山本安次郎『経営学研究方法論』丸善、一九七五年、二五〇頁。

（2）Cavanagh, G. F., *American Business Values in Transition*, Prentice-Hall, 1976, p. 172.

（3）Putnam, H., "Pragmatism and Moral Objectivity (1991)," in Conant, J. (ed.), *Words and Life*, Harvard University Press, 1994, p. 176.

（4）Ryan, C. S. V. L. V., Nahser, F. B., and W. W. Gasparski (eds.), *Praxiology and Pragmatism* (*Praxiology: The International Annual of Practical Philosophy and Methodology*, Vol. 10), Transaction Publishers, 2002.

（5）Dewey, J., *Individualism Old and New* (1930), Prometheus Books, 1999. 以下、本書からの引用は本文中に頁数のみ記す。

（6）アリストテレス著、高田三郎訳『ニコマコス倫理学（上）』岩波書店、一九七一年、二一六―二二六頁、二四一―二四八頁。

（7）Dewey, J., "The Logic of Judgments of Practice (1915)," in Boydston, J. A. (ed.), *John Dewey: The Middle Works*, Vol. 8, Southern Illinois University Press, 1985, p. 39.

（8）*Ibid.*, p. 35.

（9）Dewey, J., "The Logical Conditions of a Scientific Treatment of Morality (1903)," in Boydston, J. A. (ed.), *John Dewey: The Middle Works*, Vol. 3, Southern Illinois University Press, 1983, pp. 23-24.

(10)　*Ibid.*, p. 34.

(11)　Dewey, J., and J. H. Tufts, Ethics, Revised (1932), in Boydston, J. A. (ed.), *John Dewey : The Later Works,* Vol. 7, Southern Illinois University Press, 1989, p. 270.

(12)　*Ibid.*, p. 329.

(13)　*Ibid.*, p. 275.

(14)　Dewey, J., Reconstruction in Philosophy (1920), in Boydston, J. A. (ed.), *John Dewey : The Middle Works,* Vol. 12, Southern Illinois University Press, 1983, p. 197.

(15)　Dewey, J., "The Logical Conditions of a Scientific Treatment of Morality," p. 39.

(16)　Dewey, J., The Quest for Certainty (1929), in Boydston, J. A. (ed.), *John Dewey : The Later Works,* Vol. 4, Southern Illinois University Press, 1988, p. 6.

(17)　Dewey, J., "What Pragmatism Means By Practical (1908)," in Boydston, J. A. (ed.), *John Dewey: The Middle Works,* Vol. 4, Southern Illinois University Press, 1983, p. 114.

三　ドイツの経営理論で、世界で共通に使えるもの

小山明宏

一　はじめに

今や明らかなように、ドイツの経営学会（経営経済学会）の年次大会で行われる発表のテーマのほとんどは、アメリカで行われている研究テーマと同じである。このたびの二〇〇八年五月の第七〇回大会（ベルリン自由大学）の統一テーマも、「経営（経済）学とその隣接分野」で、その問題意識は、私が理解する限りではアメリカでのものとの差異は、とりたてて感じるものではない。

「ビジネス・リサーチ」としての経営理論

ドイツの経営経済学会（Verband der Hochschullehrer für Betriebswirtschat e. V.）の英語名は、二〇〇七年の大会で「経営経済学大学教員連合（Association of University Professors of Management）」という名称から、「ドイツ経営学研究学会（German Academic Association for Business Research）」へと正式変更された。この「ビジネス・リサーチ」という呼称は経営理論に対する現代ドイツでの認識を表していると思われる。

また、ドイツの大学での経営学専攻学生の数は経済学専攻学生の九倍で、学生によるとその専攻理由は「経営学

は実践的（praktisch）だから」ということである。この「経営学は実践的なものである」という発言には、実に重いものがある。大学での経営学教育も考えると、ドイツのそれは、やはり個性的なもの、ということになろう。ただし、ここでの「経営理論」という用語を、より広く解釈する、と考えるならば、ドイツでの企業経営および経営環境に存在して、他の国にはないものにあたる、という考え方はあり得るだろう。そこでの発想の主たる柱は次の通りである。

①「経営理論」と呼べるかどうかということはあるが、良いコーポレート・ガバナンスにおける「準拠枠」の問題。

ドイツ⇒ドイツ・コーポレート・ガバナンス規範（原則）

(Deutscher Corporate Governance Kodex、略称ＤＣＧＫ)

アメリカ、日本など⇒かなり恣意的な「規範」

②大学における経営学教育での「実践性」への意識・姿勢

ドイツの大学の経営系学部でのPraktikumの占める（果たす）役割に関して言えば、教員はもちろんのこと、経営学を勉強する学生の意識も常に、強くこれを意識して取り組む、あるいはその専攻を希望することになる。最新のデータではないが、ドイツの経営学会のワーキング・グループ（代表：ガウグラー教授）によると、ドイツの大学で、経済学（Volkswirtschaftslehre）を勉強している学生数と、経営学（Betriebswirtschaftslehre）を勉強している学生数の比は一：九である。また、私が一九九五年に勤務したバイロイト大学での、「日本企業論」をテーマとした私のゼミナールの学生達は、「なぜ経済学でなく経営学を勉強するのか」という問いかけに対して、一律に「それは、経営学が実践的だからだ」と返答していた。

③ドイツ企業の経営者には、肩書きに「Dr.」のついた人物が非常に多い。

当然、学位というものへの考え方の違いもあるだろうが、Doktorandとして大学で助手などを務めながら勉強し、身につける知識の向かうところが「実践的」なのであろうと思われる。学位をとって企業で働く際にも、そこへ生かせる知識を強く意識しつつ勉強していたことが想像できる。

挙げていけばまだまだあると思われるが、より具体的で身近なトピックにあたることが望ましいと思われることから、前記のうちの①について考えていくこととする。

二　良いコーポレート・ガバナンスにおける「準拠枠」の問題

1　「良い」コーポレート・ガバナンス」について

ここで「良い」コーポレート・ガバナンスにあたるものが何であるかについては、ドイツでは、より実践的なものとして、ドイツ・コーポレート・ガバナンス原則（ＤＣＧＫ）が存在している。ドイツ・コーポレート・ガバナンス原則は、良いコーポレート・ガバナンス、すなわち良い「企業経営」および「企業統制」を成す行動助言をとりわけ含む規則の集まりの表である、とされる。

コーポレート・ガバナンスとは、法的・経済的制度の全体像であり、資本所有と財産権の不一致から生じるプリンシパル・エージェント・コンフリクトを、企業の所有者の利益を第一に、解決するあるいは少なくとも緩和することをめざすものである、と私は考え、そして一般的に考えて良いと思われる。この意味でのコーポレート・ガバナンスは、ある面では、管理組織による、企業価値につながるような経営管理や経営チェック（企業内部のコーポレート・ガバナンス、内部的コーポレート・ガバナンス）、もう一面では、信頼できる企業情報発信に基づく、市場（とくに株式市場）によるチェック（企業外部からのコーポレート・ガバナンス、外部的コーポレート・ガバナンス）を包含していると考えることができる。

アングロサクソン的な見地から、すなわち、ステークホルダーという発想と新制度派のアプローチから考えると、所有者の利益だけでなく、執行役会や監督役会、さらには監査人などの補助機関も含めた機関の形成にあたっての企業管理者間の古典的なプリンシパル・エージェント・コンフリクトについて、焦点をあわせる定義も考えられる。これは、ドイツの上場公開株式会社に対する見方、それがアングロサクソン的状態へ構造的に接近することによるものである。例えば仮に、資本コストに対するコーポレート・ガバナンスの経営学的な、ミクロ的な影響に焦点を合わせるのであれば、コーポレート・ガバナンスのうち、企業管理者が自ら行いえて、企業それぞれに特殊であるような要素に注目しなくてはならない。市場による外部チェックという影響力の行使をさておくとすれば、内部的コーポレート・ガバナンスおよび企業の情報発信（法的基準の観点から）に関しては明らかである。このような企業それぞれに特殊なコーポレート・ガバナンスとして記されるものを中央に置いた図が、図1である。[1]

すなわち、コーポレート・ガバナンスによる影響に関して、そのテクニカルな側面に目を向けるならば、図1に見られるように、内部管理システムによる「良い」コーポレート・ガバナンスの追求、そして一方、マーケットによる企業のコーポレート・ガバナンスへの加圧という二つの側面があり、その際に「良い」コーポレート・ガバナンスの準拠枠となりうるのは、概念としては、企業が一般的に従うことができる、あるいは従うべき「規範」であろう。そして、そこで、ドイツ・コーポレート・ガバナンス原則は、国の別なく共通に参照できる、「良い」コーポレート・ガバナンスの準拠枠とすることのできるものではないかと考えることができる。今のところ最新版は二〇〇八年六月六日改正の版である。

図1　コーポレート・ガバナンスの構成要素

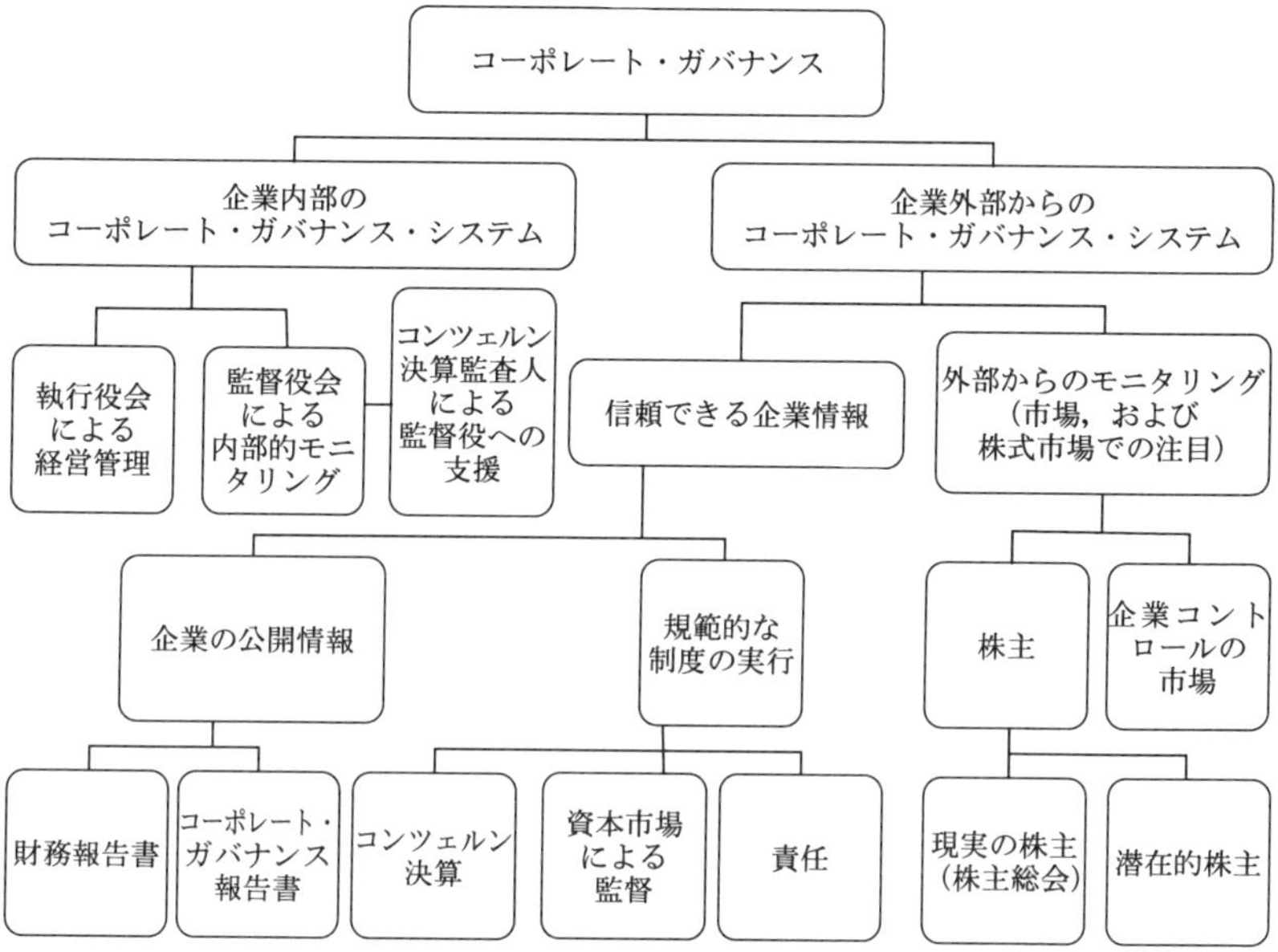

このようなドイツのコーポレート・ガバナンス原則に対し、アメリカの、たとえばスタンダード・アンド・プアーズによる、コーポレート・ガバナンス・レイティングでは、次の構成要素が挙げられている。

(1)株主構成　株式所有者の透明性　株式所有の集中および影響

(2)財務的利害関係者との関係　株主総会の規定の容易さ、アクセスの容易さおよび情報開示　議決および株主総会の手続き　所有権（所有権の登録と譲渡および公平性）

(3)財務の透明性と情報開示　情報開示の質と内容　開示のタイミングと開示情報へのアクセス　監査法人の独立性および地位

(4)取締役会の構成とプロセス　取締役会の構成およびプロセス　取締役会の役割および有効性　社外取締役の役割および独立性　取締役および経営陣の報酬、評価および承継方針

2　ドイツのコーポレート・ガバナンス

コーポレート・ガバナンス・レイティングは、ス

タンダード・アンド・プアーズが固有に行っているサービスであるが、これとは別にドイツでは、ＤＶＦＡ（Deutsche Vereinigung für Finanzanalyse und Anlageberatung）という団体が、コーポレート・ガバナンス・レイティングを行っている。そこでは、次のような規準が提起されている。(2)

①株主と株主総会（ウェイト　一二％）

インターネットを利用した株主総会への参加が可能か、株主総会に関する情報がアクセス可能か、増資など重要な意思決定にあたり既存株主は優先権を与えられているか、などが高いウェイトが与えられている。

②透明性（ウェイト　二〇％）

株主、一般投資家、ファイナンシャルアナリストは、インターネットを経由して平等かつ十分な情報を、また英語で獲得できるか、などが高いウェイトが与えられている。

③会計状況と決算監査（ウェイト　一八％）

監査機関の選択にあたり、独立性の基準は重視されているか、監督役会は会計監査にあたって監査機関への報酬を十分な額に設定しているか、などが高いウェイトが与えられている。

④コーポレート・ガバナンスへのコミットメント（ウェイト　一〇％）

当該企業はドイツ・コーポレート・ガバナンス・コードに基づき、独自のコーポレート・ガバナンス原則を持っているか、コーポレート・ガバナンスを担当する役員は十分に中立で、その報告書が監督役会で定期的に議論されているか、などが高いウェイトが与えられている。

⑤執行役会と監督役会との協働状況（ウェイト　一五％）

買収がかけられたとき、株主総会は招集されるか、共同決定企業の監督役会での株主代表と従業員代表は、監督役会開催前にその準備のために別個ミーティングを持っているか、などが高いウェイトが与えられている。

⑥執行役会（ウェイト　一〇％）

執行役会が自らの活動が依って立つために特にビジネス原則、会社の政策ガイドラインや行動規範を出しているか、執行役会の報酬は変動部分、固定部分について個別かつ独立に公表されているか、などが高いウェイトが与えられている。

⑦監督役会（ウェイト　一五％）

監督役会メンバーの能力を保証するための基準ははっきり定義されているか、監督役会が複雑な問題を処理できるように十分な数の委員会を持っているか、会計監査委員会はあるか、などが高いウェイトが与えられている。

⑧トータル・スコア

以上の七つの項目について採点ののち、次ページの最終フローチャート（Scorecard for German Corporate Governance, Ergebnisübersicht und Gesamtscore、ドイツ・コーポレート・ガバナンス・スコアカード、結果の全体像と総得点）にしたがってトータル・スコアが計算される。このスコアリング・システムはＥＸＣＥＬを利用したものであり、前記七項目について、採点者がスコアを入力すると、個別得点表の数値が、各セルに連動して次のシートに作ってあるトータル・スコア表の必要部分に、ハイパーリンクで即座にインプットされることになっている。そして、その結果は次のように判定される。

〈コーポレート・ガバナンス・スコアの判定〉

非常に良い（九〇―一〇〇％）　当該企業はドイツ・コーポレート・ガバナンス・コードに良く従い、国際的なベスト・プラクティスの標準を遵守している。

良い（八〇―八九％）　当該企業はドイツ・コーポレート・ガバナンス・コードにしたがい、良いガバナンスへのコミットメントを示している。

図2　DVFAによるコーポレート・ガバナンス・レイティング総合評価法

Scorecard for German Corporate Governance©
Ergebnisübersicht und Gesamtscore
Unternehmen:
Datum:

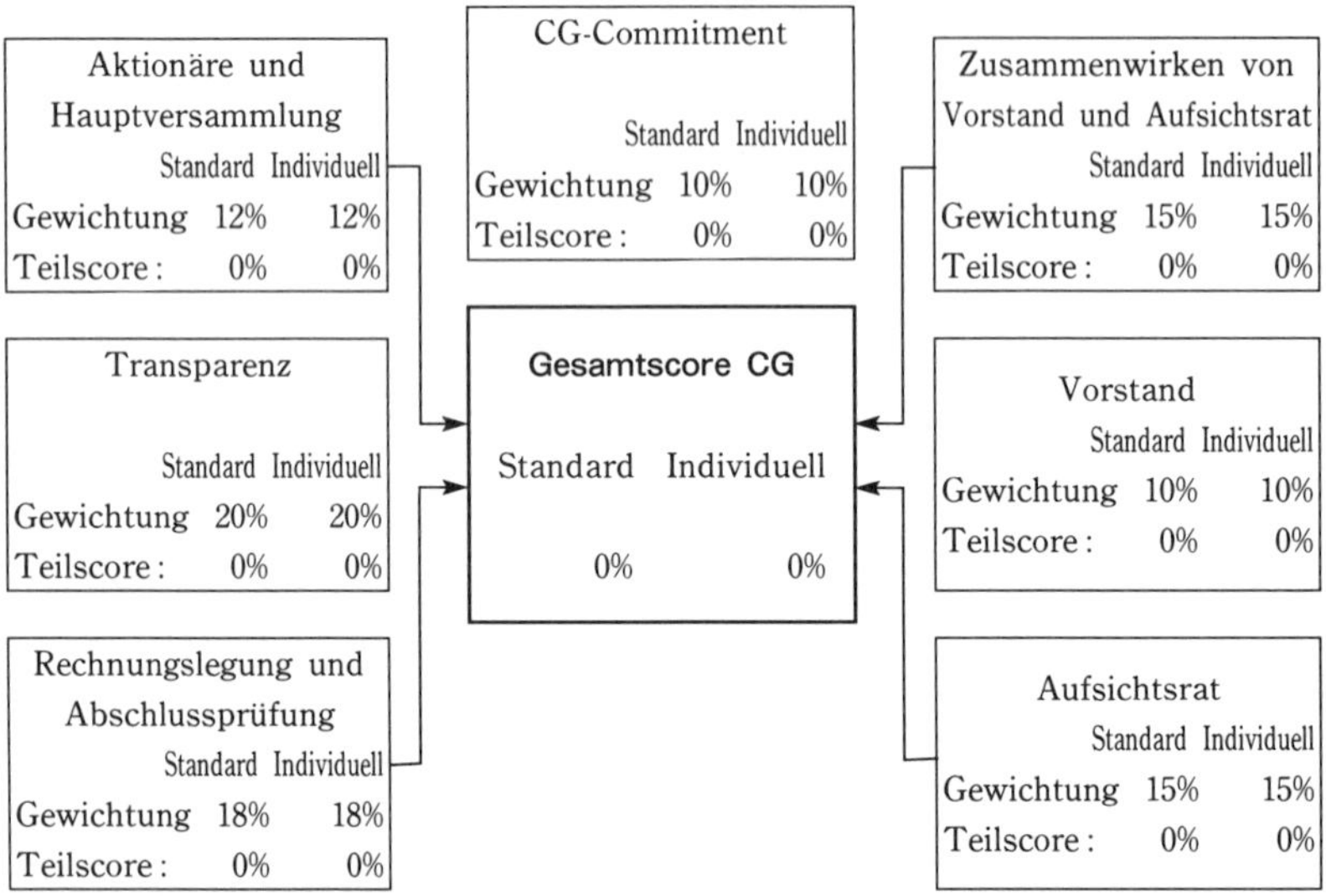

Legende für Gesamtscore CG:

Sehr gut (90—100%) Unternehmen erfülit alle in der Scorecard aufgenommenen 'Soll-Empfehlungen' und zahlreiche 'Sollte-Anregungen' des DCG-Kodex sowie internationale 'Best Practice'-Standards

Gut (80—89%) Unternehmen erfülit alle in der Scorecard aufgenommenen 'Soll-Empfehlungen' des DCG-Kodex und weist positives Commitment zu guter Governance auf

Befriedigend (70—79%) Unternehmen weicht in einzeinen Fällen von den in der Scorecard aufgenommenen 'Soll-Empfehlungen' des DCG-Kodex ab bzw, weist kein aktives Governance-Commitment auf

まずまず（七〇—七九％）当該企業はドイツ・コーポレート・ガバナンス・コードから乖離しており、活発なガバナンスへのコミットメントを示していない。（詳細は、上の図表を参照のこと）

一方、ドイツ・コーポレート・ガバナンス原則は、七つの部分から成り立っている。[3]

一　前文
二　株主と株主総会
　1　株主
　2　株主総会
　3　株主総会の招集、委任状
三　執行役会と監督役会

の共同作業

四　執行役会

1　任務と責任　2　構成および報酬　3　利益相反

五　監督役会

1　任務と責任　2　監督役会議長の任務と権限　3　委員会の設置　4　構成及び報酬　5　利益相反　6　効率性の監査

六　透明性

七　会計報告と決算の監査　1　利益相反　2　決算の監査

こうして、次の課題は、このようなドイツ・コーポレート・ガバナンス原則が、ドイツ以外の国でどのように生かされうるのか（あるいは、生かされているのか）、という議論になっていくことがわかる。ここに、「ドイツの経営理論で、世界で共通に使えるもの」という発想で考えることのできるものが現れうるのである。

三　ドイツ・コーポレート・ガバナンス原則（ＤＣＧＫ）はドイツ以外の国でどのように生かされうるのか（あるいは、生かされているのか）

当初、「ドイツ・コーポレート・ガバナンス原則（ＤＣＧＫ）は、世界標準となりうるか」という副題であったが、世界標準ということばの重みにかんがみ、前記のように改めることとする。ドイツのコーポレート・ガバナンス・システムとアングロサクソン系のコーポレート・ガバナンス・システムの顕著な差異として取り沙汰されているものは、その代表的なものとして、「二層システム（ドイツ）対　一層システム（アングロサクソン）」と

ガバナンスに対する取組み比較

株式会社 日本投資環境研究所

日　　本	OECD ガイドライン
個人（20%），外国人（18%），金融機関（20%），事業会社（22%），年金・投信（10%）	
事実上の単層取締役会制度。取締役会はほぼすべて社内者で構成され，業務執行体として機能。監督機能の強化が問われ，監査役会の強化，社外取締役の採用，委員会等設置会社の導入といった取組みが試される	
業務執行型。諸外国と比べて監督機能の弱さが指摘される	会社の戦略的方向づけ，経営陣の有効な監視，および会社，株主に対するアカウンタビリティー
社外取締役を置く会社は全体の３分の１。いる場合は平均２名	会社の業務について客観的な独立の判断を下せるべきである
委員会等設置会社には，三委員会（監査，報酬，指名）が義務付けられる。監査役会社の間にも自主的にリスク管理，コンプライアンス委員会等の設置がひろがる	監査，指名，報酬など利益相反の可能性がある場合には，独立した判断が出来る体制が求められる
善管注意義務（民法），忠実義務（商法）の規定	取締役会メンバーは，十分に情報を与えられたうえで，誠実に，相当なる注意をもって会社および株主の最善の利益のために行動すべきである
取締役のほぼすべてが従業員出身であり，形式的には従業員参加型の経営とみられる	
株主が他のステークホルダーと同列あるいはそれ以下に置かれる傾向がある。ただし，大株主としての取引先，銀行との関係は最重視される	法律や相互の合意で確立したステークホルダーの権利を認識すべきである
企業不祥事の発生，国際化に伴う海外からの影響など	
商法改正（監査役会制度の強化，代表訴訟の手続き簡素化，社外取締役の規定，委員会等設置会社の導入など） 公的年金による活動の積極化（厚生年金基金連合会） 情報開示制度の充実（リスク管理，コーポレート・ガバナンスの説明など）	

三　ドイツの経営理論で、世界で共通に使えるもの

図3　各国のコーポレート・

	ド　イ　ツ
株主構造の特徴	個人（16%），外国人（20%），金融機関（18%），事業会社（40%）
コーポレート・ガバナンス体制の特徴	二層取締役会制度，監督と執行が明確に分離。監査役会には共同決定法により従業員代表が義務づけられる。株主代表は銀行など取引先が中心
取締役会の機能	監査役会は監督機能に特化。業務執行との兼務は認められない。執行役会は監査役会により任命される。執行役の責任は同一
取締役会の社外性	監査役会における株主代表は全員が社外。従業員代表は過半数が社内出身者
取締役会付委員会	監査役会への導入が勧告
取締役の責任	株式法で善管注意義務，忠実義務が明記
従業員の経営参加	監査役会に義務化
株主・ステークホルダーに関する考え方	従業員の参加を通じ，地域社会などへの配慮が重視される。また，銀行（ハウスバンク）とのつながりが強い
ガバナンスの見なおしを進めた背景	海外投資家の保有比率拡大，ドイツ市場の国際化，企業破綻など
主な取り組み状況	98年　金融市場法に財務報告に関する（KonTraG） 00年　民間によるコーポレート・ガバナンス原則案公表（ベルリン・グループおよびフランクフルト・グループ） 01年　コーポレート・ガバナンス法規制に関する報告書（バウムス報告） 02年　コーポレート・ガバナンス原則（KODEX）発表

日　　本	OECD ガイドライン
政府，年金基金，取引所など	
取締役会の監督機能強化，機関投資家など株主の地位強化および活動の促進，情報開示の充実	
法制度の手当てを検討する動きに先導される	経済パフォーマンス全体への影響，市場の廉潔性，市場参加者へのインセンティブ，透明で効率的な市場の育成という観点を持って作成されるべきである
法制度による強制が中心	異なる監督・規制・執行当局間の責任分担を明確にすること
計算書類と付属明細書の作成および監査に関する規定（商281）	取締役の会社・株主に対するアカウンタビリティーを明確にして，その重要情報項目が列挙される
金融機関に対して先行して規制が適用。一般会社には，リスク管理に関する情報開示が求められるようになった	
分離されるが，会長職は形式的と評価される	
特になし	
法制面での問題が残るが，監査役会に同様の任務が期待される	
特になし	
公的年金による議決権行使の動きに伴い，運用委託先を含めて機関投資家の間に，コーポレート・ガバナンスへの関わりが広がる	
基金設立に関する立法において，受託者責任の考えが示される	
各基金，投資会社の間に議決権行使は受託者責任の一環であるとの認識が定着している	受託者としての機能を果たす機関投資家は，議決権行使手続きを含め，行使方針を開示すべきである
決算終了３ヶ月以内。招集通知の発送は，平均総会日の18日前	株主は，株主総会に有効に参加し投票する機会を有するべきである

三　ドイツの経営理論で、世界で共通に使えるもの

	ド　イ　ツ
取組みの主体	政府，財界，学界，金融機関，労働組合
検討の対象	監査役会の実効性強化，執行役会との連携強化，透明性
議論の進め方	コンセンサス重視，当事者を多く集め議論を行う。拒否権は認めず。政府は動向を注視
コーポレート・ガバナンス定着の手段	法制度の近代化を優先。開示制度など整備。コーポレート・ガバナンス原則は民間策定だが，「遵守するか説明するか」の考えのもと，開示の義務化を株式法に含む
財務諸表に対する責任	財務諸表は執行役会によって作成され，会計監査人および監査役会の監査を受ける
内部統制システム	株式法，および企業の透明性および統制を求める法律（KonTraG）によりリスク管理義務が制定される
会長と社長の分離	分離は強制
社外取締役の独立性	KODEX は，監査役の任期，出身，利益相反状態について触れるが，独立性概念の記述はない
監査委員会	会計，リスク管理，会計監査人の独立性や監査の範囲，報酬を決定するため監査委員会を設置すること
取締役の教育訓練	従業員代表監査役に対する専門教育財団がある
機関投資家の動き	一部株主団体による活動がめだつ。投資会社の間に関心高まり，独立した判断での行使が求められる
機関投資家の行動に関する勧告・規制等	ドイツ投資会社および証券アナリスト協会は，運用にあたってのプロフェッショナル基準を勧告している
議決権行使に関する責任	委任状による議決権行使については，株式法に委託者の指示に従うことを義務づける条文がある
株主総会招集通知の発送・特徴	株主総会は，決算終了後6ヶ月以内に開催される。招集通知は株主あて年次報告書と発送されるとともに，自社ホームページへの掲載が勧告される

（出所）関（2005）による。

いう基準がある。

しかし、管理システムの形態の差異もさることながら、その拠って立つ基盤の違い、あるいは共通性について、目を向ける価値があるだろう。そして、まずここでは名称的にも国際的である、「望ましい基準」としてのOECDコーポレート・ガバナンス原則を、ひとつ念頭においておく。

そもそも論的に言えば、「コーポレート・ガバナンスとは何か」ということになると、結局はそれは、企業のさまざまな利害集団の間の力のバランス、及びこれらの集団の相互作用に関わることである。そこで論じられているのは、意思決定機関の権限やコントロールが、どのように秩序づけられるか、ということである。そして、その際に、責任を負わされている人々への報酬の設定、企業に起こっていることをできるだけ明らかにすること（透明性）、そして企業コントロールの市場の形成などについてが、理論的、実務的な考察の中心になる。最終的には、こうして、プリンシパルとエージェントの間の関係についての正しいバランスということが重要となる。

関（二〇〇五）では、各国のコーポレート・ガバナンスに対する取り組みの比較を試みている。そこでは、切り口（比較の基準）として、二四項目を挙げている。それは次の通りである。

一　株主構造の特徴、二　コーポレート・ガバナンス体制の特徴、三　取締役会の特徴、四　取締役会の社外性、五　取締役会付委員会、六　取締役の責任、七　従業員の経営参加、八　株主・ステークホルダーに関する考え方、九　ガバナンスの見直しを進めた背景、十　主な取り組み状況、十一　取り組みの主体、十二　検討の対象、十三　議論の進め方、十四　コーポレート・ガバナンス定着の手段、十五　財務諸表に対する責任、十六　内部統制システム、十七　会長と社長の分離、十八　社外取締役の独立性、十九　監査委員会、二十　取締役の教育訓練、二十一　機関投資家の動き、二十二　機関投資家の行動に関する勧告・規制等、二十三　議決権行使に関する責任、二十四　株主総会招集通知の発送・特徴

図3についての比較・検討は、紙幅の関係でここではできないが、暫定的に分類するとすれば、新制度派経済学において既に古典的な立言となっている、資源配分メカニズムに関する「組織か市場か」の議論の発想を借用することができよう。

図4　組織か市場か

図5　コーポレート・ガバナンス・システムの対比的範囲の概念

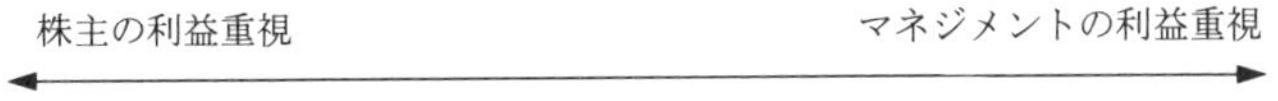

図6　コーポレート・ガバナンス・システムの対比的範囲

図7　コーポレート・ガバナンス・システムの対比的範囲 2

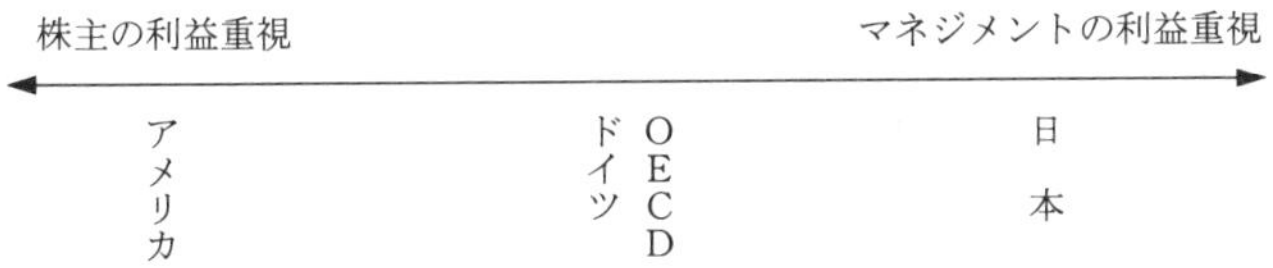

図4の左右両端の間のどこで資源配分を行うのが良いかは、財の様々な特性に従い、影響を受ける。そしてこの二つの間のどこかに位置することになる。同様に、世界各国のコーポレート・ガバナンス・システムは、図5のように株主重視かマネジメント重視かという観点から「コーポレート・ガバナンス・システムの対比的範囲の概念」によって布置されうると思われる。

更に、このようなコーポレート・ガバナンス・システムの議論に際して取沙汰される世界各国のシステムのうち、この図6で左右の端に布置されるのは、私見では左端がアメリカのコーポレート・ガバナンス・システム、右端が日本のコーポレート・ガバナンス・システムである。

とりあえず筆者が持っているイメージとしては、DCGKやOECDのコーポレート・ガバナンス原則は、その中間に位置するのではないか、と思っている。

日本のコーポレート・ガバナンス（原則）に対するイメー

ジが「マネジメントの利益重視」であるとする根拠は、わが国の風土、そして、巷で行われる「コーポレート・ガバナンス・レイティング」なるものの傾向（あるいは「いい加減さ」）を、その根拠として、まず挙げることができる。(4) さらに、ＯＥＣＤコーポレート・ガバナンス原則への日本経団連のコメントというのが、コミカルと言えるほど（当然かもしれないが）経営者の利益を守ることに汲々としていて、とても様々なステークホルダーの利益を考えているようには見えないことによる。

その例としては、取締役の報酬の情報開示反対の件（ＤＣＧＫでは４―２―４）が挙げられる。すなわち、まずわが国では、経営者報酬に関しては、一貫して「総額開示」であったし、今後もそれは変わりそうにない。この点については、筆者もメンバーであった、日本コーポレート・ガバナンス・フォーラムの研究委員会での議論においても、しばしばとりあげられた。そこでの議論を要約すると、経営者報酬というものは、つまるところ、人の収入であり、その個別の金額を知ろうとするのは「覗き趣味」なのだそうで、品の良くないことだ、ということに日本ではなっているのだそうである。これは企業のトップマネジメント出身の委員からの情報で、もしそれが実態だとすると、非常にわかりやすい主張ではあるが、何ともやりきれない気分になるのは筆者だけではないであろうと思われる。委員会設置会社制度をいち早く導入し、コーポレート・ガバナンス・システムの改善に積極的に取り組んでいることで知られるソニーにおいて、大賀氏が退職するにあたって支給された金額（一説によると一六億円、但し、これは退職慰労金）が開示されたことは、「さすがソニー」と称賛するむきもある一方、一人分だけだったので、結果として個別開示になっただけで、実質はやはり総額開示なのだ、とする主張も多い。篠崎（二〇〇六）によると、(5) すでに数年前から一部の大手企業で、個別開示を求める株主提案が出てきており、可決こそしないものの、かなりの賛成票を集めるに至っている。そして、業績と報酬の関係等を説明する報酬の方針の開示の下で、業績に連動した報酬の導入、そのうえでの個別開示へと進むことが望ましいとしており、誠に説得力ある主張と言えよう。

次に、コーポレート・ガバナンスにおける格付け会社の役割に関することが挙げられる。ＯＥＣＤコーポレート・ガバナンス原則では、次のような叙述がある（一部修正）。[6]

Ｆ．コーポレート・ガバナンスの枠組みは、投資家の意思決定にとって有効であるアナリスト、仲介業者、格付会社等による分析や助言が、その分析や助言の廉潔性を損ない得る重大な利益相反を生じさせることなく提供されることを実現・促進する有効なアプローチにより補強されるべきである。

独立で能力のある監査人を求めること及び、情報の適時の伝達を促すことに加えて、市場に向けての分析と助言を提供するそうした専門職・活動の廉潔性の確保に取り組んでいる国も多い。こうした仲介業者が利益相反がなく廉潔性を持って業務遂行をしているのであれば、会社の取締役会に対して良いコーポレート・ガバナンス慣行を実施するインセンティブを付与する重要な役割を果たすことができる。

しかしながら、利益相反が生じる場合が多く、それにより判断が影響を受けるという証左があるために懸念が生じている。これは、助言の提供者が、同時に当該会社に対してその他の業務を提供しようとする場合、あるいは助言の提供者が会社またはその競争相手に直接の重要な利害関係を有する場合に問題となり得る。こうした懸念があることから、株式市場調査アナリスト、格付機関、投資銀行等についての専門職基準に照準を当てる開示や透明性のある手続きの有意性が明らかにされることになる。

他の分野における経験によって、利益相反の十分な開示及び、それを如何に管理しようとしているのかについての十分な開示を求めることが、解決策としてより好まれることが明らかになっている。特に重要なことは、組織において、潜在的な利益相反を解消するために、従業員に如何にインセンティブが与えられているのかについての開示である。かかる開示により、投資家が助言や情報に内在するリスクや起こり得る偏向を判断することが可能になる。ＩＯＳＣＯは、アナリストや格付機関に関する原則について声明を策定している（「セルサイド証券アナリストの利益相反に対処するための原則についてのＩＯＳＣＯ声明」、「信用格付機関の活動に関する原則についてのＩＯＳＣＯ声明」）。

これに対し、ＯＥＣＤコーポレート・ガバナンス原則Ｆに対する前述の日本経団連の見解は次のようなものである。

Ｆ．の内容には賛成である。しかしアナリスト、ブローカー、格付機関その他について求められるべき事項はより広汎なものである。この条項に書かれている内容だけを本原則の中に盛り込むことは、かえってこれら機関の責任の範囲を限定し、また本原則の焦点をぼかすものであり、削除すべきである。

ここまでの議論を総合して考えると、この日本経団連による見解は、非常に珍妙な叙述であることがはっきりしてくる。「この条項に書かれている内容だけに、格付け会社が責任の範囲を限定する」だろうなどと、この文章の叙述者が、まさか本気で考えて書いたとは思わないが、そもそも「本原則の焦点をぼかす」という叙述自体が意味不明である。これはわが国において格付け会社の機能が正しく理解されていないことによるところも大きいと思われる。むしろ逆で、現在、彼らが果たしうる役割をこの機会に正しく認識し、活用することこそ、優れたコーポレート・ガバナンス・システムの構築に大きく貢献し、株主をはじめとする様々なステークホルダーの利益を保護するための情報生産に、格付け会社が大きく寄与できることを知るべきであろう。格付の発展に関してわが国と類似した状況にあるドイツでも、ＤＶＦＡ（Deutsche Vereinigung für Finanzanalyse und Anlageberatung）という団体がＤＡＸ企業についてコーポレート・ガバナンス・スコアの作成を行い、投資家に対するより一層の情報開示に資することが期待されている。ＤＶＦＡ自体は格付け会社ではないが、企業のコーポレート・ガバナンス・システムの構造・実行の実態などに関するインタビューなどによりコーポレート・ガバナンス・スコアリングを行っている。その情報は投資家をはじめとする様々なステークホルダーに有用な情報を与えることになる。

これらの、ＯＥＣＤコーポレート・ガバナンス原則に対する日本経団連の見解は、話としては面白いが、海外のコーポレート・ガバナンス意識に照らすと、目を、あるいは耳を疑うものと思われてならない。考えてみると、「人本主義」などという経営者の利益を守るための一種のこじつけが重宝されたことを見ても、経済マスコミによって作られる「スター」、すなわち人為的に流行が主導的経済マスコミによって作られるのであり、その主導的経済マスコミが常にマネジメントの利益第一で主導されることを考えれば、これはなかなか難しいであろうし、前述の図の根拠、正当性が理解されるのではないかと思われる。

結局、図7の右端のような、マーケットによる規律付けができないような体制下では、会社の内側に、有効かつ効率的な「装置」を作ることが、不可欠であろう、ということになる。そのために準拠できるのは、やはりDCGKではないだろうか、ということが、ここでの結論である。

注

（1）　Weber 他（2007), p. 54，図1による。

（2）　ＤＶＦＡによるレイティング二〇〇四年版による。

（3）　http://www.corporate-governance-code.de/ger/kodex/1.html（ドイツ・コーポレート・ガバナンス原則の公式ＵＲＬ）に、その最新の全条文が記載されている。なお、ドイツ・コーポレート・ガバナンス政府委員会：ドイツ・コーポレート・ガバナンス規範（Deutscher Corporate Governance Kodex, Stand:21. Mai, 2003）、関　孝哉、アンドレアス・メルケ訳、『商事法務』No. 1675, 2003. 10. はその日本語訳であるが、二〇〇三年五月のバージョンの訳である。

（4）　コーポレート・ガバナンス・レイティング一般、及び日本におけるコーポレート・ガバナンスのスコアリングに関する問題点については、小山（二〇〇八）、第三章で詳述されている。

（5）　篠崎　隆（二〇〇六）「経営者報酬」『ＯＥＣＤコーポレート・ガバナンス――改訂ＯＥＣＤ原則の分析と評価』日本コーポレート・ガバナンス・フォーラム編、ＯＥＣＤ東京センター（協力）、明石書店。

（6）　ＯＥＣＤコーポレート・ガバナンス原則、（2004, pp. 54-55）。

参考文献

Bassen, A., Kleinschmidt, M., Prigge, S., and Zöllner, C. (2005), “Corporate Governance und Unternehmenserfolg—Empirische Befunde zur Wirkung des Deutschen Corporate Governance Kodex,” Working Paper Finance, Universität Hamburg.

Bassen, A., Pupke, D., and Zöllner, C. (2006), “Corporate Governance Rating auf Basis der DVFA-Scorecard,” Working Paper Finance, Universität Hamburg.

DVFA-Evaluierungsschema basierend auf dem Deutsche Corporate Governance Kodex-(Basis: DCG-Kodex i.d.F. vom 21. Mai,2003).

DVFA, Rating Standards 2004.

小山明宏『コーポレート・ガバナンスの日独比較』白桃書房、二〇〇八年。

日本コーポレート・ガバナンス・フォーラム編、ＯＥＣＤ東京センター（協力）、『ＯＥＣＤコーポレート・ガバナンス――改訂ＯＥＣＤ原則の分析と評価』明石書店、二〇〇六年。

OECD, “OECD Principles of Corporate Governance,” OECD, 2004.

ＯＥＣＤ事務局・外務省訳『ＯＥＣＤコーポレート・ガバナンス原則』ＯＥＣＤ事務局・外務省、二〇〇四年。

関　孝哉「各国のコーポレート・ガバナンスに対する取り組み、日本コーポレート・ガバナンス・フォーラム研究会資料」二〇〇五年。

Weber, S., Lentfer, T., and Köter, M., “Einfluss der Corporate Governance auf die Kapitalkosten eines Unternehmens,” Zeitschrift für Corporate Governance 2. Jahrgang, April, 2007, pp. 53-59.

四　現代ＣＳＲの基本的性格と批判経営学研究の課題・方法*

百田義治

一　はじめに

わが国における批判経営学は、戦前の中西寅雄『経営経済学』（一九三一年）を源流とし、戦中ファシズム期の沈黙を経て、第二次大戦直後に公刊された北川宗蔵『経営学批判』（一九四六年）を嚆矢として復活し、戦後資本主義の発展過程で生み出されたさまざまな企業・経営・労働などの諸問題に関して、労働者・市民の立場、民主主義的な社会変革の立場から、数多くの研究成果を世に問うてきた長い歴史を有する経営学研究の一潮流である。言うまでもなく、批判的経営研究（Critical Management Studies：CMS）は決してわが国だけに独自な経営研究の立場ではない。ブレイバーマン（Braverman, H.）の労働過程研究[1]を挙げるまでもなく、批判的経営研究の潮流は欧米にも存在し、近年その研究の活性化には目覚ましいものがある。[2]欧米における批判的経営研究の立場は多様であり、決してマルクス主義的研究だけを意味するものではない。この点はわが国における批判経営学も同様である。しかし、少なくとも批判的経営研究は、現代社会における企業の存在・活動を客観的に分析・研究し、その存在・活動の正当性を社会の歴史的発展という視点から問う、という研究の立場で共通する。[3]

本稿は、現代日本における「企業社会的責任（Corporate Social Responsibility：CSR）」をめぐる諸課題、とりわけ雇用・労働・人権をめぐる課題の検討を通して、批判的経営学の現代的な研究課題および研究方法論をめぐる若干の論点の提示を意図するものである。ＣＳＲの研究は、批判経営学の歴史を通して沈潜されてきた課題であり、その存在意義そのものでもある。

一九九〇年代後半以降、ＣＳＲは経営実践の課題として国際的に活発な議論が展開され、今日では企業活動の不可欠な構成部分であると認識されている。[4] また「企業と社会（Business and Society）」論、「企業倫理（Business Ethics）」論（学）、あるいはCSR論など名称はさまざまであり、その概念・定義も未確立ではあるが、経営学の主要な研究領域としても定着したといえる。しかし、わが国の場合には、次の点において理論的・実践的に特徴的な状況がある。第一に、二〇〇三年がCSR元年と位置づけられる現代CSRをめぐる状況はブームとも評価されている。[5] その背景には、わが国における企業不祥事（企業犯罪）の多発があり、コーポレート・ガバナンスや労働・人権CSRにおける後進性があり、経済団体や経営者団体、あるいは企業のCSRに関する行動綱領の制定やCSR報告書の発行という取り組みとの乖離がある。第二に、わが国における現代CSRをめぐる議論には、それを過去の議論、とりわけ一九七〇年代のCSRを巡る議論と切断して把握する傾向がある。確かに、現代CSRはCSR経営、CSR戦略と位置づけられ、その背景には企業活動のグローバリゼーションによるCSR関連の国際基準の遵守が社会的に要請されていること、市民社会の成熟、多様なステイクホルダーの台頭という現実がある。また学問的には企業倫理論（学）の発展がある。[6] これらの点において、企業批判として展開された一九七〇年代の公害反対運動や消費者運動などに象徴される企業社会責任をめぐる理論・実践と区別される質的な特質があることは否定できない。しかし、CSRが現代企業に問われる基本的な背景には市場経済や大規模株式会社という資本主義の過去・現在に共通する普遍性があることも否定できない現実であり、CSR研究には現代ＣＳＲの特殊性と普遍性を関連づけた検討が不可欠である。

二　戦後日本におけるＣＳＲ論の展開と批判経営学

経営学におけるＣＳＲ研究は、その嚆矢と位置づけられるシェルドン（Sheldon, O.）のSocial Responsibility of Management論やガント（Gantt, H. L.）のSocial Responsibility of Business System論を含めて、ＣＳＲ・企業倫理研究として一九二〇年代アメリカ（イギリスを含む）に始まる。[7] またＣＳＲ実践においても一九二〇年代のアメリカ大企業における企業内社会政策（新たな労務・労使関係諸政策の展開）は大きな意義を持つものであり、[8] 現代版ウエルフェア・キャピタリズムへの継承も検証されている。[9]

このようなＣＳＲの理論と実践の一九二〇年代アメリカにおける展開はほぼ大企業体制の確立に符合するものである。一九三〇年代におけるバーリ＝ミーンズ（Berle, A. A. Jr. and Means, G. C.）の「所有と経営の分離」論も、バーリ＝ドット（Dodd, E. M. Jr.）論争[10]に象徴されるように、「企業は誰のものか」という議論の背後には、社会の中における企業、ステイクホルダーに対する社会的責任という問題意識が潜在し、ＣＳＲを強く意識して展開されたものでもあった。[11] すなわち、大企業、大規模株式会社の発展とともに、企業が社会との関係を離れて存在できない証左として企業社会責任に関する議論が生成・展開されてきたといえる。現代ＣＳＲ論も社会との共生が現代企業の存在・活動の正当性の証として要請される現実に応えるものであることは否定できず、この点はＣＳＲ論の普遍的性格と位置づけ理解することが重要である。

わが国におけるＣＳＲ論の嚆矢は、山城章「経営の社会的責任」（『経営評論』一九四九年一二月号）である。山城の議論は第二次大戦直後の経営民主化闘争が提起した企業観・経営観の転換という課題に、バーリ＝ミーンズ以降の議論、とりわけHarvard Business School Associationの一九四八年大会の議論や一九四九年の*Harvard Business Review*掲載のデビッド（David, D.）やデンプシー（Dempsey, B. W.）らの議論に触発されたものである。[12] 戦後日本のCSRを巡る議論は、一九五六年一一月の経済同友会の大会決議「経営者の社会的責任の自覚と実践」を契機に本格化する。そして、一九五八年には日本経営学会が統一論題「国民経済と企業」のサブテーマとして設定した「経営者の社会的責任」に応えて、藻利重隆、今井俊一らが「所有と経営の分離」論、「経営者支配」論、「利害調整機能」論、「企業維持原則」論などをめぐる議論を展開している。[13] このように戦後第一期ともいえる時期のCSR論も、戦後日本における企業経営の変容と経営民主化闘争や労働運動・労働組合運動の高揚を背景に、日本企業および経営者の存在・活動の正当性が厳しく問われた時期に展開された。[14]

批判経営学の歴史を回顧する時、一九五〇年代後半以降、その主要な議論は個別資本説、上部構造説といった方法論争にあり、[15] ある意味では極めて抽象的な理論的研究として展開されたことは否定できない。しかし、一九五六年に刊行された批判経営学の集団的労作『現代経営会計講座（全四巻）』（東洋経済新報社）や戦後第一期のCSR論争で展開された批判経営学の見解は、社会的現実に対峙し、企業と社会の関係の実証的・客観的把握が社会科学としての経営学（＝批判経営学）であるという立場を鮮明にしたものでもあった。[16]

戦後日本における第二期のCSRをめぐる議論は一九七〇年代に公害・環境問題やドル・ショック、オイル・ショック後の狂乱物価や売り惜しみなどに起因する企業批判などを背景に展開された。第二期のCSR論の特徴は、公害反対闘争や消費者運動に象徴される企業批判としてのCSR論の台頭であり、また日本経営学会の第四八回大会（一九七四年）の統一論題が「企業の社会的責任と株式会社企業の再検討」であったことに象徴されるように大規模株式会社の社会的責任の追及に議論の焦点が当てられたことである。

このような企業批判や高度経済成長から低成長への移行という現実を受けて、一九七〇年代後半以降、批判経営学は日本および世界の企業経営と経営学の集団的研究に取り組み、その成果は『経営会計全書（全二三巻）』（日本評論社、一九七四―八六年）および『講座経営経済学（全一〇巻）』（ミネルヴァ書房、一九七八―八五年）として刊行されている。これらの集団的労作では、全体として現代企業の社会的責任が直接的・間接的に問われ、その改革の方途が論じられている。

ところで、戦後の批判経営学の大きな転換点がソ連・東欧体制の崩壊にあったことは否定できないであろう。ソ連・東欧型社会主義の現実には、批判経営学の立場から極めて鋭い批判も提起されていたが、現実のソ連・東欧型社会主義の深刻な矛盾・課題を認識しながらも資本主義から社会主義という社会発展観の中に現存する「社会主義」を位置づけた多くの議論があったことも否定できない。現代の批判経営学には、ソ連型社会主義、二十世紀社会主義の課題の認識と反省を踏まえて、民主主義的な市民社会と共存可能な市場経済および企業・経営・労働の探究、社会と企業の共生の方途の探究という視点から、ソ連・東欧体制崩壊後の世界を支配した新自由主義的な経済政策の深刻な諸矛盾が露呈する現実社会の企業・経営・労働を客観的に認識し、実践的課題の解決に向けた政策提言を可能とする研究が求められている。このような批判経営学の現代的課題に応えた研究の成果も、その一部分が『講座現代経営学（全二〇巻）』（ミネルヴァ書房、一九九八―二〇〇六年）として結実している。

現代の批判経営学にとって、ＣＳＲの研究は方法論として、また政策的・実践的課題として大きな意義を持つものである。このことは、批判経営学の基本的な立場である現代社会における企業の存在と活動の客観的な分析・研究、社会の歴史的発展という視点から企業の存在と活動の正当性を問い、社会的存在としての企業の社会的責任を厳しく問いただしてきた戦後日本における批判経営学の基本的な方向を再確認することでもある。

三　現代ＣＳＲの基本問題としての雇用・労働・人権

わが国における現代ＣＳＲの理論的・実践的な展開は、二〇〇三年がＣＳＲ元年と位置づけられるように、世紀転換期以降の現象である。そこには企業不祥事の多発というとりわけわが国において深刻な企業の正当性を問う事態があることを否定できない。しかし、現代ＣＳＲの理論と実践の基本的性格は、ソ連・東欧体制の崩壊後に急速に展開された新自由主義的な経済政策とグローバリゼーションの進展が随伴した諸矛盾に対するわが国を含めた先進資本主義諸国の政府・経営者団体・企業・労働運動および研究者などの対応として理解することが必要である。このような現代ＣＳＲの基本的性格の明確化には、現代ＣＳＲの実践・運動の先進国であるＥＵにおける議論とその特徴の理解が不可欠である。

ＥＵにおける現代ＣＳＲの展開は、一九九〇年代における極めて深刻な若年失業問題（ドイツでは七～一〇%、イギリスでは一〇～一七%）への対応に起因したものであり、ＥＵにおける現代ＣＳＲの起源は失業問題であり、政府の努力では解決できないまでに失業問題が深刻化し、企業・経済団体も失業問題の解決を無視できなくなったことがＥＵにおける現代ＣＳＲの始まりである。ＥＵにおける産業界の現代ＣＳＲの取り組みを代表する「ＣＳＲヨーロッパ」の設立目的も失業問題に起因する社会的排除（social exclusion）の解決に産業界が協力することであったといわれる。[17] 失業・雇用、貧困など社会的排除の問題は労働者（人間）の基本的人権の侵害であるという認識がＥＵにおける現代ＣＳＲの理解に不可欠な視点である。

ＥＵにおける産業界の現代ＣＳＲへの取り組みは、従業員に対する教育訓練機会の提供、非正規従業員に対する公平な処遇、男女平等などを謳ったＣＳＲヨーロッパ「社会的排除に反対するビジネスのヨーロッパ宣言（European Declaration of Business against Social Exclusion)」（一九九五年）[18]にも見ることができる。また、EUにおける現代CSRが深刻な雇用・失業問題に関する危機意識を反映していたことは、一九九五年のハリファックス・サミットのコミュニケにも見ることができる。[19]そして二〇〇〇年のリスボン・サミットではEUとして企業にCSR実践の最初の呼びかけがなされている。このようなEUの現代CSRに関する基本的な見解を纏めたものとして欧州委員会「グリーンペーパー：企業の社会的責任に関する欧州枠組みの促進」(Commission of the European Communities, Green Paper : Promoting a European Framework for Corporate Social Responsibility, Brussels, 2001) がある。[20]本ペーパーは、CSRを企業内・企業外の課題事項に分類し、企業内課題事項として、人種差別の撤廃、男女平等処遇、マイノリティ・年配者・女性の採用、職場の健康・安全管理、社会的に責任のある事業再構築、情報公開、資源・環境管理を提起し、また企業外課題事項として、地域社会貢献、取引相手支援、消費者保護、児童労働禁止など人権尊重、持続可能な社会の環境保全を具体的に提起している。[21]その特徴は、①CSRの課題事項が包括的・具体的に提起されていること、②CSRを企業規制（コスト）ではなく、企業競争力強化に向けた投資として位置づけていること、③CSRは地域的・地球的規模の取り組みを必要とするものとして認識され位置づけられていること、などにある。

このようにEUの現代CSRに関する政策的見解も、市場経済を前提として、企業と社会の持続可能な発展を実現し、収益性と社会的責任を同時に達成し、社会と共存しなければ企業の発展が望めない、という認識では、わが国の経営者団体（日本経団連や経済同友会など）の現代CSRに関する認識と共通するものである。しかし、わが国における現代CSRを取り巻く状況と異なる点も大きい。EUとわが国の現代CSRを巡る状況の相違は、CSRに関する社会的支持、市民（消費者、地域住民、労働者などのステイクホルダー）の自覚と意識の相違であり、このことが企業と社会の関係に関する企業の認識と対応の相違を生みだしている。CSRは企業の自発性だけに期待するのではなく、社会の関心がＣＳＲに対する企業の認識と対応に変化を生みだす原動力であり、労働運動、市民運動、多様なステイクホルダーとの連帯がＣＳＲの実質化には不可欠である。[22] この点は一九七〇年代のわが国における公害・消費者問題とＣＳＲ実質化の経験にも妥当する。七〇年代のわが国におけるＣＳＲに関する議論と運動から学ぶべき教訓は、公害反対運動あるいは消費者運動として住民運動・市民運動・労働運動が連帯して取り組んだ課題では一定の成果が獲得されたことであり、このことがわが国における現代ＣＳＲの取り組みとして環境問題が相対的に高く評価される背景にあるといえる。

わが国とＥＵとの現代ＣＳＲに関する認識を比較するとき、ＥＵにおける現代ＣＳＲ認識の特徴点は、そのＣＳＲ認識の底流に雇用・労働・人権問題があり、人種差別撤廃、男女平等、マイノリティ保護、従業員の健康・安全、雇用確保（労働権の保障）、消費者保護、児童労働禁止などが労働者（人間）の人間性・人権・尊厳の尊重と保護という視点から現代ＣＳＲの諸課題として明確に位置づけられていることであり、環境問題も人間の生存を脅かす危機的状況にあることが環境保護に対するＣＳＲの根拠として位置づけられていることである。

ＥＵにおける現代ＣＳＲの底流に雇用・労働・人権問題があることは、現代社会・現代企業において、市民・労働者の権利を擁護し、その生活と労働に責任を負うことが企業の第一義的な社会的責務であるという視点で現代ＣＳＲを捉え直すことが現代ＣＳＲ問題を検討する視点として極めて重要であり、批判経営学のＣＳＲ研究においても不可欠な論点を構成するものである。わが国の場合には、企業倫理や企業統治に関する変革課題が、コンプライアンス問題として、また企業と社会の関係性の問題として、極めて大きくかつ深刻であるために、企業倫理の確立やガバナンス・システムの構築が現代ＣＳＲの最大の課題とされ、企業内外における雇用・労働・人権問題が現代ＣＳＲの底流にある基本問題であるという認識が共有されているとは言い難い状況にある。もちろん、企業倫理やガバナンス・システムの弱さと労働・人権問題におけるＣＳＲの後進性の背景にあるものは同根であるともいえる。

このような雇用・労働・人権の問題を現代ＣＳＲの根幹に位置づけ把握する視点の源流は一九四八年の国連総会で採択された「世界人権宣言（Universal Declaration of Human Rights）」であり、その内容・精神は国際労働機関（ＩＬＯ）の「労働における基本的原則及び権利に関するＩＬＯ宣言（ILO Declaration on Fundamental Principles and Rights at Work）」（一九九八年）や国連の「環境開発リオ宣言（Rio Declaration on Environment and Development）」（一九九二年）等を経て、「国連グローバル・コンパクト（UN Global Compact）」（二〇〇〇年）に継承され、人権・労働・環境に関する九原則（二〇〇四年、一〇原則に改定）として定式化され、今日では人権・労働の問題に関する国際的合意事項として定着している。このような雇用・労働・人権に関する国際的な合意がわが国の雇用・労働・人権問題に現実的に影響を及ぼした事例として野村證券男女差別裁判がある。野村證券は二〇〇四年一〇月一五日に、女性従業員の差別待遇の是正を求めた裁判において原告の女性労働者たちと和解したが、この和解成立にはスウェーデンの社会的責任投資調査機関GES Investment Servicesが野村證券を女性差別を理由に投資不適格企業と判断したことが大きく影響したといわれる。(23) ＧＥＳの環境、人権、企業倫理に関するグローバル倫理基準は、グローバル・コンパクト、多国籍企業に関するＯＥＣＤガイドライン（OECD Guidelines for Multinational Enterprises）、ＩＬＯ基本協定（ILO Core Labour Conventions）、環境協定（Environmental Conventions）、兵器関連協定（Weapons-related Conventions）という国際基準に基づいている。(24) このような雇用・労働・人権に関する国際的合意として現実的影響を行使するグローバル・コンパクト、その背景にある世界人権宣言など雇用・労働・人権に関する諸原則は、自由・平等・博愛（フランス革命）や生存・自由・幸福の追求（アメリカ独立宣言）など近代市民社会の思想・制度・統治原理である民主主義の基本理念に固有の価値（民主的価値）があることを表明したものであり、社会生活・労働生活における人間性・

人間の尊厳を保障する基本的・普遍的な条件を謳ったものである。現代ＣＳＲ論が、企業と社会の関係を問い、社会に果たすべき企業の責任を問う根本課題として、企業の内外における民主主義の実現を掲げていることは当然の帰結である。それは資本主義の発展がさまざまな矛盾した発展プロセスを辿りながらも市民社会を成熟させ、人間的たることを求める市民を成長させていることの証左である。

しかし、グローバル・スタンダードとしての現代ＣＳＲの動向に照らせば、正規・非正規労働の格差、偽装請負、ワーキング・プアという言葉に象徴される絶対的貧困層の拡大、長時間過密労働、成果主義の矛盾の顕在化、過労死・過労自殺の増大、メンタルヘルス不全の蔓延など雇用・労働・人権をめぐるわが国の今日的状況は極めて悲惨・深刻であり、働き方・働かせ方をめぐる多くの変革課題が山積されている。このような現代日本における雇用・労働・人権をめぐる深刻な状況が、一九九〇年代半ば以降における新自由主義的な労働・雇用に関する規制緩和と企業の雇用戦略や成果主義の徹底などに基因するものであることは明らかである。資本の論理・組織の論理と労働の論理・市民社会の論理との対抗関係の中で、生存権、社会権、基本的人権の保障、雇用の保障（解雇制限）、労働時間の制限など労働者が人間らしく生き働くために歴史的に形成されてきたルールが、今日のグローバルな国際競争の激化（メガ・コンペティション）の中で世界的に後退させられている。この点では日本だけが例外ではないが、日本的な特徴は現代ＣＳＲの最低限の責務である現存するルールの遵守、コンプライアンスが日本を代表する企業においても果たされていない現実にある。わが国の場合には、ルール整備が遅れていることだけでなく、現存するルールを遵守できないことが雇用・労働・人権問題などの深刻さを倍加している。「企業は人権番外地」「民主主義は工場の門前で立ちすくむ」「人間を幸福にしない日本」などと形容される日本企業の現状はグローバル化した企業行動に求められる国際基準と矛盾するものでもある。(25)

四　現代ＣＳＲと批判経営学の研究課題

現代社会は企業と社会の共生を課題とし、企業がＣＳＲを自覚し実践することを強く希求している。そして、企業も経営者の多くも企業行動綱領や倫理綱領に見る限り、ＣＳＲ実践が現代企業に不可欠な経営課題であることを認識している。しかし、社会の期待と現実の日本企業の実態には大きな乖離がある。企業は社会の姿を映す鏡であり、企業を見ればその企業が存在する社会の有り様がわかるとも言われる。[26] ワーキング・プアや格差・貧困に象徴される雇用・労働・人権問題あるいはコーポレート・ガバナンス問題をめぐる日本の状況は日本社会が確実に深く病んでいることを可視化し、現代企業とりわけ日本企業の社会との共生という点における正当性を厳しく問い掛けている。シェルドンやガントを嚆矢とするＣＳＲに関する研究は、ＣＳＲ論が大企業および大規模株式会社の社会的存在の正当性を問う議論として展開されてきたことを明示している。社会の期待と企業の実践の大きな乖離という現代日本のＣＳＲ状況は、企業不祥事が企業の存続を危機化する社会状況も背景として、まさに現代日本企業の存在・活動の正当性を問うている。ここに現代ＣＳＲが経営学の基本問題と位置づけられる背景があり、ＣＳＲを労働者・市民の立場から問うことを存在意義とする批判経営学の現代的な研究課題がある。加えて、ＣＳＲの研究、企業と社会の関係性の研究は、批判経営学にとって社会変化の今日的状況を踏まえてその研究方法論を深化・再構築する好機でもある。[27]

ＣＳＲや企業と社会という視点から批判経営学の方法論的深化にとって当面の課題であると思える若干の論点を試論的に提示すれば以下の通りである。

第一に、現代ＣＳＲ論の特徴はステイクホルダー論に立脚する点にあり、批判経営学において多様なステイクホルダーは今日的な企業変革主体とも位置づけられている。[28] ステイクホルダー論では、多くの場合、株主もステイクホルダーと認識され、企業対社会の関係では社会の一構成主体と位置づけられている。このようなステイクホルダー論に立脚すればCSRの責任主体は現代株式会社の法的所有主体である株主ではなく、株主主権の正当性は制約された意義を付与されるにすぎず、CSRの責任主体は法人（Corporation）あるいは経営者以外には想定できない。法人はCSRの法的責任主体にはなりえても、CSR実践の責任主体は自然人である経営者以外に存在しない。『会社の責任』といえば、経営者の責任を言う」。[29] この欧米的常識の欠落はわが国のCSR論の特殊性であり重要な検討課題である。同時に、株主主権もステイクホルダー論も経営者支配という現代株式会社の支配構造を前提した見解であり、ステイクホルダー論、経営者支配論、株主主権論など現代株式会社を巡る理論の整合化が現代CSR論においても、また批判経営学方法論においても不可欠である。

また現代CSRとの関係では、大規模株式会社の社会的責任は大企業という側面と株式会社という企業形態の側面とを峻別し検討することが必要不可欠である。現代の大規模株式会社は、大企業（労働・生産の著しい社会化）という側面において従業員や市民の労働・社会生活に決定的な影響力と責任を有するだけでなく、株式会社という側面において株式会社に関する法理が想定した事態を超えてその社会的権力・影響力を拡大し、環境破壊や健康破壊に関する責任を問われた場合、資本充実の原則などだけでは企業行動に責任を負えないまでに巨大化している。株主主権論の正当性に関して提起される有限責任制を巡る問題はこのことを象徴するものである。[30]

同時に、現代CSR論において、多くの場合、労働者（従業員）もステイクホルダーとして、社会の一構成主体として位置づけられる。従業員の雇用・労働・処遇が企業の経済状況に連動させられている現実に対して、従業員を巡る問題は企業内の問題である場合にも社会的事項・課題と位置づけることが現代CSRに不可欠であり、ステイクホルダー論はこの点において有効な分析ツールである。しかし、この場合に「社会的（social）とは何か」

に関する歴史的・理論的研究の深化が必要である。CSR論における社会的事項・課題とは、企業の経営環境としての社会だけではなく、シェルドンが経営管理の社会的側面（social aspect）として「社会（community）との関係」と「指揮される人々との関係」を問題視したように、[31]従業員に係わる問題は企業の内外を問わず社会的問題として把握することが、雇用・労働の問題は基本的人権を固有の権利としてもつ社会構成主体である人間（労働者）の問題であることの明確化に欠かせない視点である。このことは格差・人権・デーセント・ワーク（Decent Work）あるいはホワイトカラー・エグゼンプションといった問題だけでなく、テイラー主義・フォード主義として把握される労働の非人間化を現代CSRの研究課題として位置づけるためにも不可欠な視点である。

最後に、現代CSRおよび批判経営学研究の課題・方法に関連して、市場・社会的分業の問題に言及しておく必要がある。現代CSR論の多くにおいて、企業の第一義的な社会的責任は、社会が求める良質な財・サービスを適切な価格で提供することであると理解されている。ガントやシェルドンもこの点を企業存在の正当性として論じている。この問題は社会的分業・市場とCSRの関係を理解する重要な論点である。企業は人間生活に必要な財・サービスの提供主体である。資本主義企業は利潤動機に支配されながら市場を媒介に人間生活に必要な財・サービスを提供する。人間生活に不可欠な財・サービスが広範な社会的分業のもとで、個別企業の営利活動として市場競争を媒介に展開されている。このことは企業が本来的に社会的存在であり、社会的責任を負う主体であることを明らかにしている。また、市場は等価交換の場であり、市場競争には公平性・公正性の担保が不可欠である。公平性・公正性を担保する社会的ルールとモラルの確立（個人の倫理観やモラルではなく）が市場経済の健全な機能の前提条件である。現代CSR論において、市場モラルあるいは新自由主義的・市場原理主義的な企業行動に関してアダム・スミス（Smith, A.）の市場原理や共感（同感、Sympathy）の概念が再評価されているが、スミスの共感は市民社会論の原点である市民同士の共感であり、社会的分業にもとづく等価交換が市民同士の共感の前提であるとされている。スミスのいう市場原理は市民的な共感という社会的モラルを前提とするものである。(32) 人間が人間らしく生きていくために経済発展があり、市民社会という社会的な枠組みの存続が市場経済・資本主義社会の成立条件である。市場経済、市民社会の健全な機能化には社会的モラルに基づくルール、人間が人間らしく生きていくために必要なルール、社会的な制度や規制の整備が不可欠である。

現代の批判経営学が市場経済における企業の存在と活動を前提に、市民社会と企業の共存に向けた企業変革や社会的規制を研究課題とする場合には、現代企業が果たすべきＣＳＲという視点からステイクホルダー論、現代株式会社論、市場・社会的分業論などに関する研究方法論を深化させることがその再構築に不可欠であることを痛感する。

＊本稿は第十六回大会において「現代日本企業のＣＳＲ課題に関する批判経営学的考察」として報告したものである。

注

（1） Braverman, H., *Labor and Monopoly Capital*, Monthly Review Press, 1974.（富沢賢治訳『労働と独占資本』岩波書店、一九七八年。）

（2） CMsの研究動向は、Adler, P. S., Forbes, L. C. & Willmott, H., "Critical Management Studies," *The Academy of Management Annals*, Vol. 1, 2007, pp. 119-179 に詳しい。

（3） 批判的経営研究における「批判的」の意味に関するアドラー（Adler, P. S.）の理解は極めて示唆に富むものである。「批判的という言葉…が意味するのは、経営利害そのものからの独立性である。…ビジネス・スクールの研究…は経営者視点に立つことがあまりに多く、ただ問題を経営者的視点からのみ眺める。これはしばしば、『実用性のある』洞察を発展させる―つまり、経営者にとっての実用性―という言葉で正当化される。このような視点は、たとえそれが実り多くとも、経営慣行がその他の出演者たち―企業内の労働者、企業外の顧客、コミュニティ―にどのような意味があるのかを曖昧にしている。労働者利害やヒューマニズムというより広い考え方に価値をおく考えを抱く私たちにとっては、このような別の視点からの見通しを発展させることが緊急の課題なのである。視点の独立性を確保することは、価値中立的な科学に関心を持つ人々、つまりより『全般的な』視点から物事を見るためにより広い視点から経営を研究することを必要とする人々にとっても、その緊急性は決して小さくない。実際、開明的な経営者の視点からみても、批判的見通しを明確にすることは『ステイクホルダー』との真剣な対話のためにも重要な前提条件である。」(Adler, S. P., "The Toyota Production System in the USA: Reflections on HRM and Labor Relations"、労務理論学会第十五回大会予稿集、二〇〇五年、一頁。鈴木良始訳「アメリカにおけるトヨタ生産方式―人的資源管理と労使関係に関する考察―」『労務理論学会誌第十五号』晃洋書房、二〇〇六年、二頁。)

(4)　アメリカ企業の経営者の八一%はCSRがビジネスに不可欠であると回答している (Center for Corporate Citizenship, *State of Corporate Citizenship in the US*, Center for Corporate Citizenship at Boston College／US Chambers of Commerce, 2005, p. 15.)。わが国においても、東洋経済の「CSR調査」では、二〇〇七年現在で、全上場企業三九四五社の一〇〇九社がCSRに取り組んでいることを回答している(『CSR企業総覧二〇〇八』週刊東洋経済臨時増刊第六一一六号、二〇〇七年)。

(5)　ロナルド・ドーア『誰のための会社にするか』岩波新書、二〇〇六年、一九五頁。

(6)　宮坂純一「ビジネス・エシックスと三つの陥穽」『産業と経済』第二二巻第一号、二〇〇七年。

(7)　拙稿「大企業体制の成立と企業社会責任」鈴木幸毅・百田義治編著『企業社会責任の研究』中央経済社、二〇〇八年、同「経営学の進化とCSR」小林俊治・齊藤毅憲編著『CSR経営革新』中央経済社、二〇〇八年、参照。

(8)　Mitchell, N. J., *The Generous Corporation*, Yale Univ. Press, 1989.（松野　弘・小阪隆秀監訳『社会にやさしい企業』同友館、二〇〇三年。）

(9)　Jacoby, S. M., *Modern Manors*, Princeton Univ. Press, 1997.（内田一秀他訳『会社荘園制』北海道大学図書刊行会、一九九九年。）

(10)　バーリ＝ドット論争については、森田　章『現代企業の社会的責任』商事法務研究会、一九七八年、十二―三一頁、正木久司・角野信夫著『バーリ（経営学　人と学説）』同文舘、一九八八年、七五―八三頁、参照。

(11)　浜川一憲「企業の社会性と組織間関係」稲村　毅・百田義治編著『経営組織の論理と変革』ミネルヴァ書房、二〇〇五年、一六九―一七〇頁。

(12)　Harvard Business School Association の一九四八年大会は The Responsibilities of Business Leadership をテーマに開催された。David, D. K., "Business Responsibilities in an Uncertain World," *Harvard Business Review*, Vol. 27, No. 3 (Supplement), 1949, pp. 1-8. Dempsey, B. W., "The Roots of Business Responsibility," *Harvard Business Review*, Vol. 27, No. 4, 1949, pp. 393-404. これらの論文では「経営の社会的責任」「社会的経営責任」をめぐる議論が展開されている。その論点は、所有と経営が分離した大規模株式会社における経営の社会的責任、とりわけ「社会的」とは何か、「責任」とは何か、である。

(13)　日本経営学会編『経営学論集三十一集』森山書店、一九五九年。

(14)　堀越芳昭「日本における企業の社会的責任論の生成と展開」松野・堀越・合力編著『「企業の社会的責任論」の形成と展開』ミネルヴァ書房、二〇〇六年、参照。

(15)　この時期に展開された批判経営学の方法論争は角谷登志夫編『マルクス主義経営学論争』有斐閣、一九七七年に詳しい。

(16) 今井俊一「社会科学としての経営学」『経済評論』一九六六年一〇月号、一〇一―一〇九頁。
(17) 藤井敏彦『ヨーロッパのＣＳＲと日本のＣＳＲ』日科技連出版社、二〇〇五年、一三頁。
(18) http://www.csreurope.org/pages/en/declaration.html〔アクセス日、二〇〇九年四月十九日〕
(19) http://www.mofa.go.jp/MOFAJ/gaiko/summit/halifax95/index.html〔アクセス日、二〇〇九年四月十九日〕
(20) http://eur-lex.europa.eu/LexUriServ/site/en/com/2001/com2001_0366en01.pdf〔アクセス日、二〇〇九年四月十九日〕
(21) 高　巖・辻義信他著『企業の社会的責任』日本規格協会、二〇〇三年、六八―八〇頁、参照。
(22) 丸山惠也編著『批判経営学』新日本出版社、二〇〇五年、序章、参照。
(23) 田中　均「『社会的責任投資』が野村證券男女差別裁判の和解解決に与えた影響」『金融労働調査時報』銀行労働研究会、No. 650、二〇〇四年。
(24) http://www.ges-invest.com/pages/?ID=1
(25) 拙稿「企業社会責任（ＣＳＲ）と経営学の基本問題」日本経営学会編『新時代の企業行動』（経営学論集七十七集）千倉書房、二〇〇七年、一七―二八頁。
(26) 丸山惠也「経営学の課題と企業の社会責任」『比較経営学会第三〇回大会報告集』二〇〇五年五月、一九五頁。
(27)「『企業と社会』という主題設定は、批判経営学…の現代的な研究課題であるばかりでなく、学問的方法論でもある。」夏目啓二「批判経営学・資本主義企業の動態によせて」比較経営学会三〇周年記念誌編集委員会『比較経営学会三〇年の歩み』比較経営学会、二〇〇五年、三五頁。
(28) 丸山惠也、前掲論文、二〇一―二〇二頁。
(29) ロナルド・ドーア、前掲書、二〇二頁。
(30) 奥村　宏『株式会社に社会的責任はあるか』岩波書店、二〇〇六年、四四―四七頁。
(31) Sheldon, O., *The Philosophy of Management*, Sir Isaac Pitman & Sons, 1923, p. 70, 73.（田代義範訳『経営管理の哲学』未来社、一九七四年、七六、七九頁。）
(32) 宇沢弘文『経済に人間らしさを』かもがわ出版、一九九八年、友寄英隆『「新自由主義」とは何か』新日本出版社、二〇〇六年、水田　洋『アダム・スミス―自由主義とは何か―』講談社学術文庫、一九九七年、参照。

（本稿は、文部科学省科学研究費基盤研究（Ｂ）課題番号18330085による研究成果の一部である。）

五　経営〝共育〟への道
――ゼミナール活動の軌跡から――

齊藤毅憲

一　本稿のねらい

本稿は、二つのことを主にとり扱いたいと考えている。その第一は、第十六回全国大会のサブテーマ「経営学教育と経営教育」に関連して、経営学教育に対する私のアカデミックな関心がどのような背景や理由のもとで生まれてきたのか、を明らかにすることである。

日本経営学会第五〇回記念大会（一九七六年、神戸大学）で、私は「日本における経営学教育の回顧と展望」をテーマに報告したが、当時は今日とはちがって、あまり多くの関心を集めることはできなかったように思われる。学部レベルで経営学部や経営学科が多く設立されていた時期であり、いうまでもなく経営学教育は発展の段階にあった。しかしながら、学会では〝教育〟は研究発表のテーマではないという反応も見られていたのである。

もうひとつは、筆者自身のゼミナール（演習）活動の軌跡を回顧することである。学部教育においては多くの議論すべき課題があることは十分理解しているが、本稿では、私のゼミナール指導の変化に焦点をあてることで、私のゼミナールが、「経営学教育」から「経営教育」に、さらに「経営共育」というべきものに力点が変化してきたことを明らかにしたい。

わが国の大学では、教師は担当する専門科目の講義などにくわえて、ゼミナール活動に従事し、学生を教育している。学部教育では、比較的多くの教師たちによって分担されている専門科目の教育とならんで、「苗床」を意味するゼミナールの占める位置は大きいが、本稿ではこれにスポットをあてることにする。

二　「経営学教育」への関心を生みだしたもの

一で述べたように、日本経営学会の報告で、私は経営学に教育の視点を導入した議論の重要性を主張した。それでは、このような経営学教育への関心をもつようになった背景や理由については、どのようなものがあったのであろうか。

当時〔一九七一年〕、私は「新米の教師」として活動をスタートしたばかりであった。大学院時代〔一九六六―一九七一年〕は、ドイツ経営学や経営学史系のゼミナールで指導を受けていたが、就職先での担当は経営管理（マネジメント）論であった。そして、数年後経営学総論になったが、そこではどうしても経営管理論に研究を転換しなければならなかった。

もっとも、大学院時代にはバーナード＝サイモン理論を重視する占部都美著『近代管理学の展開』〔一九六六年〕や、〝マネジメント・セオリー・ジャングル〟の命名で著名となった過程論者・クーンツ編『経営の統一理論』〔鈴木英寿訳、一九六八年〕などインパクトのある著作が公刊されており、経営管理論をめぐるある種のアカデミックな状況は、私にも当然のことながら影響を及ぼしていた。

そして、行動科学やシステム論の勢いが強くなりはじめていた。私は学部時代にブラウン（A. Brown）の名著『経営組織』〔安部隆一訳、一九六三年〕や日本人による過程論の代表的な教科書である桜井信行編著『現代経営学入門』〔一九六二年〕を読んでいたが、他方でリッカート（R. Likert）やアージリス（C. Argyris）らによる行動科学に魅了されていた。要するに、古典（伝統）派や過程論は、行動科学やシステム論の勢いのもとでは影がうすく、後退してしまってきているとの印象をもっていた。

しかし、文献研究や学史志向をもっていた私にとっては、占部流の近代派の支配に関心はあったものの、他方で古典派にも配慮した経営管理論の発展史を描写できないものかと思案していた。そこで、「伝統的経営管理論の一考察」〔一九七四年、東北経営・会計研究会〕をふまえて、「管理原則の歴史性とトランスファー」〔一九七四年、経営史学会全国大会〕を報告したが、この報告では古典派の別名である管理原則論の観点から経営管理論の発展史を、以下の三つの段階で把握しようとしている。

第一期：管理原則の提案の段階〔一八八〇年以降〕
第二期：管理原則の体系化・マニュアル化の段階〔一九三〇年代後半以降〕
第三期：管理原則の限界認識の段階〔一九五〇年代後半以降〕

この試みは、必ずしも成功したとはいえなかったと考えている。しかし、「古典派→新古典派→近代派」という経営管理論における通史とは異なる見方を模索することをめざそうとするものであった。そして、この模索のなかで、いくつかの論点が明らかになる。

まず、第一期のなかでとりあげたマネジメントのプロフェッショナル（専門的）団体の設立に関連して、「プロフェッション（専門的な職業）としての経営管理」という議論を認識することになった。日本経営学会第五〇回大会で発表を行った一九七六年に、同学会東北部会で「マネジメントのプロフェッション性をめぐって」を発表している。

具体的には、経営管理という仕事は、企業内のマネジャーとして働く場合と、テイラー（F. W. Taylor）のようにマネジメント・コンサルタントとして従事する場合とに主に分けることができるが、経営管理も牧師、医師、判事・弁護士などの伝統的なプロフェッション（三大プロ）の仲間入りをすべきであるという主張が展開されてきたと述べた。そして、わが国でこれを可能にするためには、どのようなことが求められるかについて言及した。この議論は、日本経営学会第五〇回大会報告にも含まれている。

そして、管理原則の体系化・マニュアル化を進めるなかで行われていた経営管理の意味を規定しようとする第二期の議論では、過程論の確立がとくにアーウィック（L. F. Urwick）とデイビス（R. C. Davis）によるところが大きいことを示し、ファヨール（H. Fayol）のアメリカへの影響が第二次世界大戦後ではなく、それよりも早い一九三〇年代の前半にさかのぼることができることを明らかにしようとした。いうまでもないが、この時期は通史によれば、新古典派のパラダイムが支配しているのである。そこで、この作業も古典派に配慮したものであった。

さらに、のちに私が行った日本における経営学教育に関する実態調査、とくにカリキュラムの開設状況調査との関連でいえば、第一期のなかでとり扱った「形成期ビジネス・スクールと管理論」が重要となる。この部分の検討は、『経営史学』〔第一〇巻二号、一九七五年〕に「形成期ビジネス・スクールにおける管理論」というタイトルで掲載されるが、この論稿ではアメリカにおけるビジネス・スクールの生成を前提にしつつ、一九一〇年代から二〇年代の経営学教育のためのカリキュラム体系や経営管理論の位置づけを明らかにしている。

そこで主に使用したのは、シカゴ大学のレオン・マーシャル（L. C. Marshall）の実態調査〔*Collegiate Education for Business*, The Journal of Business, Jan. 1928〕と、ボッサード（J. H. S. Bossard）とデューハースト（J. F. Dewhurst）の調査〔*University Education for Business*, 1931〕である。これらは経営学教育に関する一九二〇年代後半のマクロ的な集計データになっており、一九一〇年の"The Journal of Political Economy"などに掲載された誕生まもないビジネス・スクールの事例研究とは異なっていた。

筆者にとって、これらの調査はまさに「導きの糸」となった。類似の調査をわが国においても実施することが必要であり、経営学教育も研究のテーマや分野に確実になることを筆者に確信させるものであった。そして、これを自分の研究テーマのひとつにしなければならないと強く思うようになっていたのである。

このような強い思いのなかから、『現代日本の経営学教育』〔成文堂、一九七八年〕や『現代日本の大学と経営学教育』〔成文堂、一九八一年〕といったほとんど市場性のない調査志向の著書が生まれることになった。そして、これに関連するものとして、「経営学教育に関する実態調査⑴、⑵」〔『横浜市立大学論叢』第三二巻第一号、第三二・三号、一九八〇年〕、「経営学教育に関する実態調査」〔『横浜市立大学論叢』第三九巻第一号、一九八七年〕、「経営学教育に関する実態調査」〔『横浜市立大学論叢』第四二巻第一・二・三合併号、一九九一年〕、「経営学カリキュラムに関する事例研究」〔『横浜市立大学論叢』第四三巻第一号、一九九二年〕などが公表されている。これらは、五年おきの調査を計三回実施した結果である。

なお、一九一〇年代から二〇年代にかけてのアメリカの経営学教育や経営管理理論の調査のなかで、さらに私の興味をひいたものがあった。それは、ハーバード・ビジネス・スクールが創立まもない時期に開発した「ビジネス・ポリシー」（経営方針、経営政策）という科目であり、経営戦略論のルーツというべきものである。

この科目は、カリキュラムの最終の段階で学習し、それまでに学習した科目の知識を総合的に駆使して、トップ・マネジメントが直面する問題を分析し、解決策をみつけだそうとするものであった。そして、学習方法としては、いわゆるケース・メソッドが用いられているところに、注目すべき特徴があった。教科書は、本文型（テキストブック）ではなく、ケースブックであり、わが国のごく一般的な教科書とはちがうものであった。

一九七八年の日本経営学会東北部会において発表した「経営管理論としてのビジネス・ポリシーの教育」は、まさにこの科目の主な特徴を明らかにしているが、カリキュラムだけでなく、教育の目的や学習方法についても考えさせる機会を得ることになったのである。

一九八三年に筆者は『経営管理論の基礎』〔同文舘〕をまとめるが、それはほぼ三〇歳代前半のこれらの成果を収めたものであった。以上のような、経営管理論とその発展史の検討のなかから、私の経営学教育への関心は生まれ、それはさらに重要な研究領域になるとの確信につながっていく。そして、一九七四年の経営史学会の報告の数年後に、アカデミックな経営学者にとっては異端の経営学者ともいうべき上野陽一の研究と遭遇し、彼の能率観を知ることで、ヒューマン・リソースへの関心をさらに高めることになった〔「日本における経営教育の先駆者――上野陽一のケース――」、経営史学会全国大会、一九八二年〕。

三　ゼミナール活動の主たる段階と特徴

教師はだれもそれぞれの考えと工夫でゼミナールを行っている。私の場合、確たる信念やスキルがあってスタートしたわけではなかった。しかし、ゼミナール活動をつづけるなかで見直しや手直しを行ってきており、それは、主に以下の四つの段階を経てきたと考えている。

第一段階：〔弘前大学人文学部　一九七一―一九七九年〕

担当の講義科目が経営管理論であったので、すでに述べてきたような経営管理論の研究を行うようになる。しかし、ゼミナールで学生諸君に対してそれを「自分のもの」として教えるには、知識不足であることは、正直いって明らかであった。そこで行ったのが、この分野の古典を学生と輪読することであり、そして比較的うまく読めたものについては文献（学説）研究として論文化することであった。

ところで、当時の地方の国立大学の学生は、地味ではあったがまじめであり、懸命に学習する人々が多数派であった。したがって、新米の教師でもなんとかかつとまることができたのではないかと思っている。この学生との輪読は、古典という文献を教材にしているという意味では、まさに「経営学の教育」であった。ゆっくり流れる時間のなかで行われた古典の輪読は、いまから考えると、何物にも代えがたい価値あるものであったと考えている。

もっとも、第一段階の終わりの頃になると、教育に対する関心が高まったためか、ゼミナールの指導に変化が生じてくる。それは、古典の輪読はやめてしまい、現実の問題（インシデントという短文型のケース）を学生に取組ませようとしたことである。具体的には、ファーマー、リッチマン、ライアン（R. N. Farmer, B. M. Richman & W. G. Ryan）の“*Incidents for Studying Management and Organization* (1970)”を教材にしている。そこには七〇のインシデントが収録されており、ケース学習に慣れていない私にもとり扱えるだけでなく、学生にも有益であると思われた。

この短文型のケースのなかには、人種問題、中東問題、ベトナム問題など当時のアメリカ企業をとりまく環境とその厳しさといったものが書かれていた。それは、抽象的な理論やモデルを説明している本文型の教科書（テキストブック）とはかなりちがっており、企業の現場で働く人びとの姿がなまなましく見えてくるようであった。

そしてそれは、学生に学問としての「経営学」よりも「現実の経営」のほうを直視させるものになったのではないかと思っている。

私のなかの経営学教育から経営教育への移行は、おそらくこの教科書の使用から始まっているかもしれない。古典の輪読からインシデント学習への転換について、のちに「私の経営学に対する考え方はきっと大きく変わったのだろう」〔拙監修『現代経営の解明』のあとがき、成文堂、一九八九年、二六二頁〕と書いている。

第二段階：〔横浜市立大学商学部の初期　一九七九年―一九八六年〕

地方の国立大学の複合学部（人文学科と経済学科）から、幸運なことであったが、商学部に職場を移ることができた。しかし、そこでは、それまでに経験のない、大講義室でマイクを使って行う「経営学総論」を担当することとなった。そして、〝こんなに多い学生にどう教えるのか〟という、なかば自分にはできないのではないかといった感情に支配されてしまったのである。

ごく普通のまじめな学生でさえ、このような大講義室では受講の態度や姿勢は悪くなることは、十分にわかっているつもりでいた。しかしながら、教師に直接的な被害の少ない欠席やスリープは別にしても、遅刻、私語、エスケープ、飲食などが教場では常態化しており、学生にそのような行動をみせつけられると、当時の筆者にはとうてい耐えられないものであった。

そのとき私が学生にとった対応は、「厳格型」のスタイルであった。問題のある学生には厳しく対処し、大声や声を荒げて注意する授業を展開したために、学生の評判は当然悪化した。しかし、必修科目に近い基礎科目であったので、履修する学生は減少することはなかった。

かなりあとになって、自分は大講義室の「経営学総論」には厳格型の工場のマネジメントスタイルをとり、それに対して「ゼミナール」は自由な研究所のスタイルにして、使い分けをしていると学生に説明するようになったが、当時はそのように考えることはまったくできなかった。

「こわい教師」というイメージは、学生の人気を落とすことになる。くわえて、三限から五限までの長時間のマラソンゼミでもあるため、ゼミナールの履修希望に影響を及ぼしている。このようななかで、学生をどのように理解したらいいのかに関心をもつようになり、「現代の学生はワークモティベーションをどのように考えているのか」〔日本経営協会『マネジメント・ジャーナル』第二七号、一九八一年〕や、「学生に見る企業の未来」〔日本マネジメントスクール『経営教育』第五四号、一九八三年〕などを書いた。

この時期のゼミナール活動では、本文型の教科書を使いながら、ケース的なものについては坂井正廣先生などが作成したものを使わせていただいた。また、ケース・ライトは私にはできなかったので、アメリカのインシデントの翻訳を試みようとした。しかし、出版社の反応は鈍く、断念せざるをえなかった。ゼミナールにビジネス・パーソンを招くにしても、各種のハードル（金銭、地理的な要因）があり、実際にはむずかしく、これに代わるものとして、新聞の記事を利用するという方法をとり入れることにした。

学生自身が興味をもった新聞の記事を切り抜き、コピーし、全員に配布し、それを説明し、さらに全員でコメントを述べあう。そして、この方式は、その後の私のゼミナールの特徴となっていく。ここでの私の任務は、学生が自由かつ気軽に話ができる雰囲気をつくるだけであり、学生のコメントにもあまり評価をしないようにした。これによって学生は、静かで、頭を下げ気味にしているという〝お通夜ゼミ〟の参加者から脱し、他人の話を聞くだけでなく、各自がひと前でしっかり話ができるようになり、コミュニケーション・スキルは格段に向上することになった。

第三段階：〔横浜市立大学商学部の中期　一九八七年―一九九六年〕

前の第二段階は、経営学教育の時期であった。しかし、第三段階になると、経営教育の色合いが出てくるとともに、厳格型への反省が生じる。一九八七年の日本経営教育学会の経営教育基本部会で、私は「大学におけるゼミナール指導」をテーマにして話した。そのなかで、教師の指導について、以下の三点を指摘している。

① きびしいだけの指導はダメである――コンティンジェンシー・リーダーシップが必要である。
② 多くの学生はなにかを期待し、求めている――教師のうけとめ方が大切である。
③ 勉強は苦痛ではなく、おもしろいものである、という考え方を大切にしよう。

厳格型のイメージをけんめいになくそうとしたが、一度定着したイメージを学生からぬぐい去ることはむずかしかった。とにかく厳格型一辺倒を反省し、それとともに、学生がなにかを求めていることと、ゼミナールが楽しいものになることを重視することにした。そのためには、Ｅ（Excellent）な教師にならなければならず、以下のことが必要になるとした。

① 場合によっては、すぐに本を読ませない――輪読（つめこみ読書）の意味と問題点
② テーマづくりやテーマへの関心はどうしたら引きだせるか――新聞、テレビ、雑誌、アルバイト経験の活用、ＯＢによるレクチャーなど
③ 知的ゲーム（事例研究やビジネスゲームなど）の導入
④ 調査などにおける共同作業的要素（小集団活動）の活用

⑤　イベントの活用（ゼミ誌の発行、他ゼミとの交流、ビジネスマンによるレクチャー）

つまり、ゼミナールでは、本も読ませ、内容をまとめさせもするが、他方で現代の企業や経営に対する関心づくりや、ひと前でしっかり話ができるようにするために、前述した新聞の活用をすすめている。それとともに、多くの学生がゼミナールになにかを期待しているとか、ゼミの勉強はおもしろいものであるということに関連して、「学生像の転換」を図れないか、と考えた。学部の学生は、たしかに「情報や知識の受信者（消費者）」であるが、同時にいくぶんなりとも、「情報の発信者」や「知識創造の担い手」にすることもできないかと思うようになっていた。

そのために、二つの挑戦を試みることにした。ひとつは、出版作業を行うことであった。立命館大学経営学部の渡辺峻ゼミナールでは、すでに卒業論文の出版化を果たしており、これを大きな刺激やモデルにして、『現代経営の探求』（成文堂、一九八七年）、『現代経営の解明』（成文堂、一九八九年）、横浜市政一〇〇年記念の『横浜新都市の未来』（文眞堂、一九八九年）が出版されることになった。

三年生が中心になって、数名からなる小集団をゼミナール内につくり、学生諸君がテーマを自主的に決めて研究し、ときおりゼミナールで発表する。これは、いわゆるゼミナールへの小集団活動の活用である。

前二冊の基本的な考え方は、環境変動下の現在の企業経営（「現代経営」）に対しては、学生と私は同じ地平に立っているが、この「現代経営」をほんの一端であれ、学生諸君になんとか認識、分析させようとしたのである。

そして、三冊目については、自分たちが現に生活している地域がかかえている問題やあるべき方向性を検討することが大切であるという認識が根底にあった。のちに、これは私の地域経営論への関心や、近年の横浜産業学の主張につながっていく。

このような試みを行うなかで、現実の企業についての情報を集めたり、アンケート調査などを行うこと、あるいは地域の現場に行ってじかになにかを感じたりすることは、本を読むこととならんで重要となった。それは、文献研究や学史志向をもっていた私にとっても挑戦であったが、そこでは、経営学を教えようというよりは、学生とともに私自身も、現代経営をみずからの力でなんとか知ろうというものに変わっていった。これは、経営学教育から経営教育に軸足を移したことを意味していると考えている。

さて、「情報発信型」の学生像への転換に関するもうひとつの試みは、「社会への出前ゼミ」である。一九八八年に「今、ヨコハマが変わるとき！ ——個性ある商業都市を目指して——」をテーマに、大学から外にとびだして公開発表会を行うことにしたのである。これは、横浜駅東口へのそごう百貨店の進出がどのような影響をもたらすかを市民に問い、そのアンケート調査の結果を公表するものであった。

この発表会以後、学生が少人数で、五から八ぐらいの小集団がつくりづらくなった一九九二年度と九四年度を除くと、二〇〇七年度までに年一回ずつ、一八回に及ぶ出前ゼミを実施してきた。内容はいずれも現代経営や地域経営を対象にしている。「ＹＥＳ」（ヨコハマ・エキサイティング・セミナー）というこの発表会には、関係者、ゼミの卒業生のほか、地元のメディアにもよびかけ、多くの場合、記事にしてもらってきた。そして、このような発表を機会にして学生の急激な成長を実感させられることもたびたびあった。

第四段階：〔横浜市立大学商学部の後期　一九九七年—二〇〇八年〕

第三段階では、学生像の転換をはかり、経営教育への移行が試みられたが、第四段階は、私自身の教師像を変えようとした時期である。

学生がひと前でしっかり話ができるようになるだけでなく、ゼミナールを楽しむようにしようといっそう思うようになっていた。少し〝こわめのお通夜ゼミ〟から脱して、〝いろいろ自由に話ができるゼミ〟にはなっていたが、さらに〝明るい雰囲気のゼミ〟へ転換したいと、私自身が変わろうとした。

楽しいゼミにするためには、なによりも教師自身が率先して明るくふるまわなければならない。前段階において、「楽しく学んで元気になる研究をしよう」をゼミナールの運営方針に決めていたが、その実体化をはかる必要があった。この方針は、第四段階になると、「楽問元気」（楽しく学んで元気になろう）になっている。なお、そのころ、「楽問学創」（楽しく学び、学ぶだけでなく、新たな創造へ向おう）という私製の四文字熟語もあわせてつくっている。

私自身が加齢し、学生との年齢差が拡大するにつれて、私は学生との関係をより対等なものにつくりかえること、できるだけ水平的なものにしようと思えるようになってきた。それは、私は教師として学生に教える立場にあるが、学生も私を刺激し、いろいろ教えてくれていると感じるようになってきたからである。第三段階で経営学教育から経営教育に移行して以来、現代経営に関しては、学生も私も同じ地平に立っているとしたものの、学生諸君になんとかこの現代経営を認識、分析させたいという意識が私にはまだ強かったかもしれない。

しかしながら、第四段階で、その意識が少なくなってきた。その理由については、学生諸君の現代経営に対する認識や分析力が高まったことによるものではない。むしろ、学生との対等な相互作用の意識が深まるなかで、学生は私に対していろいろ多くを教えてくれていると気づき、そう思えるようになってきたことである。そして、これは、経営教育が深化した結果としての「経営共育」ではないかと考えている。

このような第四段階のなかで目立ってきたのが、調査受託やコンペへの参加である。第三段階でも、第百生命の製品開発の支援や、「金沢八景駅周辺に関する利用者意識調査」（横浜市都市計画局）の受託などを行っている。しかし、第四段階においては、横浜市金沢区役所からの「金沢産業団地調査」〔一九九七年度〕、横浜の代表的な商店街である元町通り周辺の「石川壱商店街調査」〔一九九九年度〕、日本ショッピングセンター協会主催「学生による街づくりコンペ・・・あなたが考える『元町ショッピングストリート』の未来について」〔最優秀賞、二〇〇三年度〕、「野毛サプライズ《横浜・商店街イベントプラン・コンテスト二〇〇四》〔二〇〇四年〕、横浜青年会議所主催の第一九回横浜経済人会議へのコラボレーションと、「横浜版CSR」チェックリストの作成〔二〇〇五年〕、金沢区役所からの「区内の町内会館・自治会館の利用調査」〔二〇〇六年度〕、オリックス・グループによるキャッチコピー・コンテスト〔二〇〇六年、二〇〇八年〕への参加などを行っている。

そして、YESは、第一五回から大きく変化している。それまでは学生がみずからテーマを設定し、研究することが多かった。しかし、このときからであるが、神奈川経済同友会が始めた「神奈川産学チャレンジプログラム」に参加することになり、YESのプログラムは、終了後に参加した全チームが一同に会する発表会になった。このプログラムは、同会加盟の企業が県内の各大学に課題を提案し、それに学生がチャレンジするもので、四年間に私のゼミナールでは合計で二三のグループ（うち一六チームが入賞）が結成されている。

このプログラムに参加するにあたって、私が注意してきたことは、①入賞は目的ではない、②現状分析（診断）と提案のバランスをよくする、③チームによるグループワーク、小集団活動の実施は経営そのものである、④経営学の成果とくに経営戦略論、マーケティング論、経営組織論などを現状分析や提案のために、しっかり適用する、⑤プレゼンテーションの工夫と訓練を行う、などである。

四　おわりに――若干の評価――

以上、経営学教育に関心をもちはじめた理由・背景を述べ、つづいてゼミナール活動の経過を主に対象にして、そのなかで経営学教育から経営教育、さらに経営共育へと変化してきたことを明らかにした。教育活動は日々の実践であり、継続性や連続性のなかにあるので、段階の区分はそれほど明確に行われたわけではないが、およそこのような経過があったと考えている。

さて、大会委員長高橋由明によって引用された渡辺峻の見解によると、経営学を学ぶ現在の学生に最低限求められる能力は、①特定分野に関する専門的な知識・技能、②コミュニケーション能力、③情報処理能力と操作能力、④経営管理能力、⑤問題を発見し、分析・解決できる能力、⑥人間関係の調整能力、の六つのものがあるという〔片岡・他著『はじめて学ぶ人のための経営学』（第二版）、二〇〇六年、文眞堂、五三―五四頁〕。

筆者のゼミナール活動では、どのような能力が重視されたり、養成されてきたのであろうか。渡辺の六つの能力との関連でいえば、⑤、④、⑥、②などが主に考えられる。学生は企業や地域が現実に直面している問題を見つけだし、それに対する処方を作りだそうとする（⑤）が、その過程で、小集団で活動を行うために、仕事の分担と遂行、協働、リーダーシップなどを経験できるのであり（④、⑥）、レポートにまとめたり、とくに話しあったり、発表することを重視することで、②のコミュニケーション能力が育成されている。

なお、本文型の教科書を読むことが減少する傾向があるために、①の知識や技能の習得には若干制約があるかもしれない。もっとも、逆に知識や技能を適用したり、使用するという志向性は強くみられている。また、③については、このようなグループ・ワークのなかで自然に身についている。

文献研究や学史研究を中心とした経営学教育から経営教育へ移るなかで、筆者が大切にしてきたのは、それまでの自分自身に欠如していた現実に対する感受性や敏感さである。「現在はどういう時代なのか」、「時代はなにを求めているのか」、「企業経営や地域の経営はどのような状況にあり、なにが問題なのか」をなによりもまず感じとることは、これからを生きる学生だけでなく、みずからへの〝問い〟でもあった。そして、これらの問いを学生と共有することから出発することが、おそらくは経営共育なのかもしれない。

引用文献

「経営学と私」齊藤毅憲　最終講義用報告資料（横浜市立大学）、二〇〇八年二月。

六　経営学の研究者になるということ

――経営学研究者養成の現状と課題――

上林憲雄

一　はじめに

本稿の根源的な問題意識は、現代日本において「経営学の研究者になる」ないし「経営学の研究者を育てる」ということがどのような意味を有しているのか、また経営学の研究者が社会的に果たすべき役割や意義はどういった点に求められるのか、という点にある。これらの問いに正確に解答するにあたっては、そもそも経営学とはどういう学問で、他の諸学問と比してどういった特徴があるのか、さらにそのような学問領域で「研究」するということはどのような意味を有しているのか、といった諸論点の吟味が必要である。これらに関する基礎的理解を念頭に置きながら、本稿では、筆者の所属する神戸大学大学院経営学研究科で現在施行されている研究者育成プログラムを概説し、そこにおいて具体的にどういった問題点や課題が認識されており、その対処法としてどのような方途が考えられるかについて、若干の私見も交えながら検討することとしたい。

まず次の第二節で、経営学の学問的特徴と研究アプローチ上の特色について述べ、このような特徴に鑑みた場合、経営学の研究者になることがいかなる意味を有しているか、また経営学研究者を育成するにあたってどういった困難性が認められるか、等の論点について検討を加える。続く第三節・第四節においては、Ⅱでの議論を踏まえつつ、神戸大学大学院経営学研究科における研究者養成プログラムのカリキュラムの現状と実態についてその概略を説明し、具体的な問題点や今後へ向けた課題について記述する。最後に第五節で、経営学研究者養成のための経営学教育としての実践的含意に言及しながら本稿をまとめ、結論を提示する。

本稿の結論を先取りして述べるならば、経営学研究者を育成することは、現実性・実践性と科学性・学問性という相矛盾しがちな双方の関心・能力の涵養を必要とするため、他の学問領域と比して難しいということである。また、アカデミックな大学院レベルでの経営学教育のあり方として示唆される点は、経営学は現象や実践に近いという特性を有しているからこそ、逆にその科学的厳密性、学問性を無視することなく、あるいは他の学問領域以上に、この点を意識するような研究者を育成していかねばならないということである。

二　経営学研究に必要な能力

本節での論点は、(一) 経営学とは他の学問領域と比していかなる特性を有しているか、(二) 研究するということとは具体的にどのような作業であり、また研究者になるということはいかような意味を有することなのか、この二点である。以下、このそれぞれについて別個に検討し、それらをとりまとめる形で「経営学研究に必要な能力」が何であるかについて第三項で考察してみることにしよう。

1　経営学の学問的特徴

周知の通り、学問領域としての経営学をどのように捕捉するかについては諸説がある。ここでそれら諸説や諸アプローチの展開を詳細に吟味することは本稿の目的から逸脱するが、本稿では、「経営学」を商学や会計学を除いた狭義の経営学、とりわけ「組織のマネジメント学」と捉える立場から、以下の議論を展開するうえで必要となると思われる、経営学の学問的特徴に関わる最低限のポイントのみに言及しておくことにしよう。

筆者は、先般上梓した学部学生向きの経営学の入門書[1]の中で、自然科学に対する社会科学の学問的特徴、および社会科学領域における経営学の学問的特徴について、以下のようにまとめている。

①「明瞭な法則性が観察しにくい社会科学の学習は、自然科学の学習と比して、より難しい。」例えば、「ボールを握っている手を離せばボールは必ず地面に落下する」というような自然現象の法則性を解明することを目指す自然科学とは違い、「戦争はどのような場合に起こるか」や「犯罪者に対しどのような刑罰が下るか」等、人間社会を対象として問いを立てた場合、完全な法則性（因果の関係性）の下に唯一最適な解を導出することは困難である。現象の生起するコンテキストに応じ多種多様な解が考えられるのであり、その意味で社会科学は自然科学よりも本来的に曖昧性を包含している。

②「曖昧さを包含する社会諸科学の中でも経営学は特に曖昧で、その対象・方法や学問的基軸が明確ではない。」人と人との間に形成される諸関係（即ち社会）を解明し本来的に曖昧性が残存せざるを得ない社会諸科学の中でも、経営学は（法律学、政治学、経済学等に比して）ひときわ曖昧な側面をもつ。経営学的研究では、対象が明確に規定されたうえでそれへアプローチする方法が明確な形で確立されているとはいえず、たとえ同一事象を分析したとしても、分析者が異なれば異なる方法や解釈、結論が導出されることも多い。経済学との対比でいえば、両学問ともに「企業の行動」を主対象として分析するにしても、それを眺める〝立ち位置〟が大きく異なる。比喩的に表現するなら、経済学では天空高く昇った地点から下を見下ろし、企業の建屋が小さく点のように見えるイメージ、経営学では企業の建屋の天井附近から中を覗いてみるイメージである。したがって、経営学では企業

活動の具体的な中身にまで立ち入った学習が可能となる。

③「組織内部の〝意思決定〟の仕組みについて、トップの意思がいかに貫徹されるかのメカニズムを学習することが経営学の基本である。」経営学の曖昧性の素因は、人間である経営者がいかなる意思決定を下し、それをいかに組織内で貫徹させんとするか、その「見える手」(the visible hand) のメカニズムを解明しようとする点にある。[2] つまり経営者による「意思決定」が経営学を学習するうえでのキーワードとなる。(ちなみに、経営学と商学を区別する場合には、商学のキーワードは「取引」である。経営学と商学の双方を学習することで、何もないゼロの状態からいかにして製品が作られ、消費者のもとに届けられるかについての一連のメカニズムを学ぶことができる。)

これらより「経営学」は、その学問的特性からして、他の自然科学や社会科学上の学問領域の中でも、対象となる経営現場の現象や実践により近い地点においてアプローチしようとする性格を有しているといえる。したがって、経営学を学習するにあたっては、他の諸学問を学習する際以上に、日常社会で日々生起し移ろい変わってゆく経営現象や実践に対して常日頃から興味・関心をもち続ける姿勢をもっていることが必要である。そして、本稿の文脈で重要なポイントは、「経営学」の学習に必要な経営現象や実践に対する興味・関心が、次に述べるような一般に「研究者」になるために必要とされる要件と、必ずしも合致しないばかりか、寧ろ互いに相矛盾しがちな要件なのではないか、という点である。

2　研究とは何か

経営学の定義やアプローチが多種多様であるのと同様、研究者や大学院生の行うべき「研究」とは何たるかについても多種多様な理解がある。ここでは、大学院レベルでの研究に必要な素養や技能は何であると考えられるかについて、筆者の所思を簡単に述べておきたい。

図１　社会科学における研究プロセス

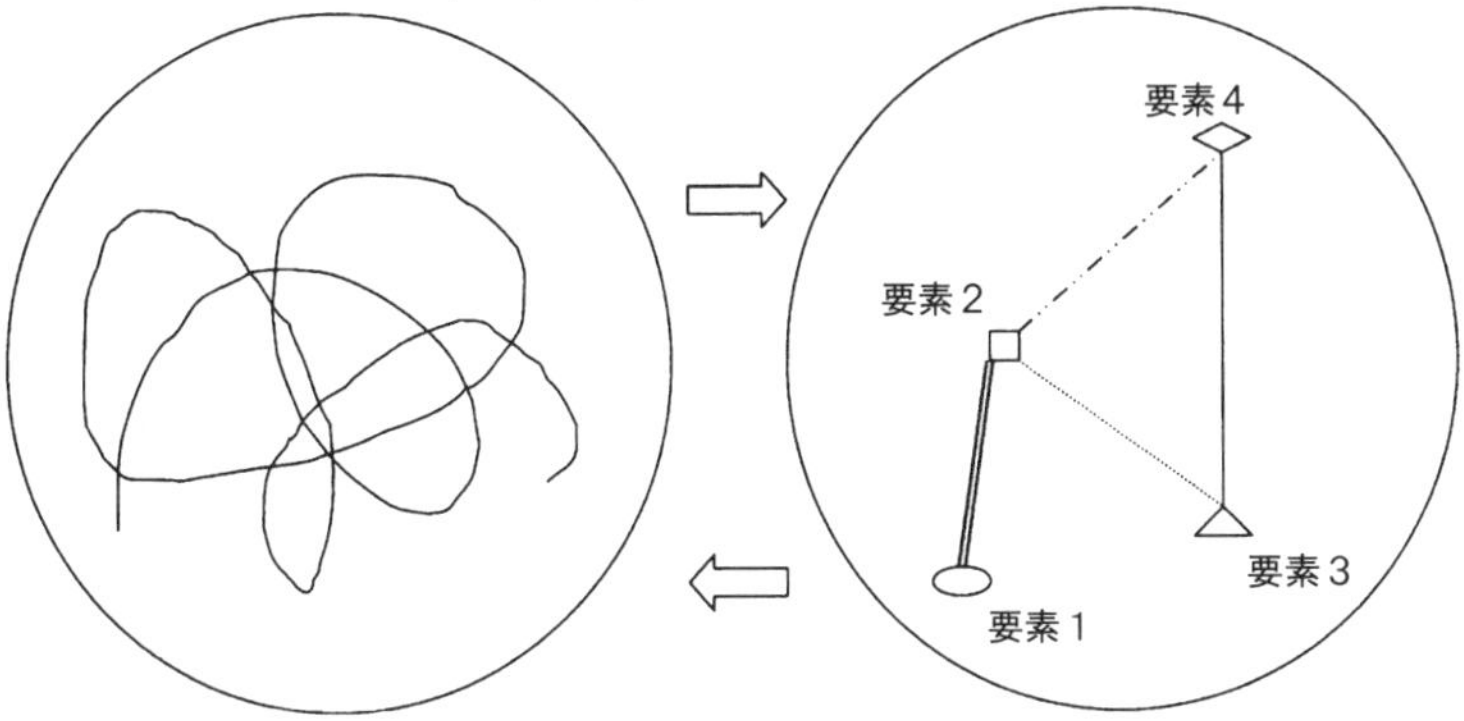

（出所）　上林憲雄ほか『経験から学ぶ経営学入門』有斐閣，2007年，180頁の図を加筆修正。

一般に、社会科学領域における研究の一連のプロセスを模式的に示したのが図１である。図１に示されるように、理論的研究であれ実証的研究であれ、「研究」プロセスに含まれる重要な要素は、左の円内に示す混沌とした状況の中から、何がその全体構造を説明するうえでの主要な要素となっており、それら諸要素間の関係性はどのようなものであるかについて、上図に示すようなイメージで整理を試み、第三者に対し説得的になるよう説明してみせることであろう。左円から右円へと延びる矢印は、この諸要素間の関係性を整理するプロセスを含意している。ここで必要となる能力は、現象の混沌とした中でどのような要素に照射すればその現象をうまく説明しうるのかを把握する能力であり、幾重にも複雑に絡み合った糸をほぐしていくとどのようになるのか、エッセンスのみを抽出し単純化して物事を捕捉するとどのようになるかを、最もシンプルな形でまとめうる能力であるといえる。方法論が十分に確立されていない経営学においては、この整理の仕方・過程のパターンが他の学問領域に比して相対的に多様であるといえよう。

もっとも、筆者はこの左から右へ向かう矢印のプロセスのみ、つまり要素抽出・還元化能力のみが研究に必要な唯一の能力であるとは考えていない。学問分野によっては、例えば歴史的アプローチや民族誌（エスノグラフィ）的アプローチ、解釈主義的アプローチなどにみられるように、要素還元を前提しない思考の方こそ寧ろ重要であると理解される領域も存するであろう。あるいは、要素還元的能力が必要な場合であっても、この左から右方向への矢印とは逆方向の、即ち既存の諸要素の枠を取り払い、いくつかの要素を合体させたりより複雑化したりさせながら、具体の現象へとおろしていくような能力についてもまた同時に重要となる研究プロセスも存在するであろう。実際、研究のプロセスにおいては、要素還元と同時に、常時「右から左へ」のフィードバック（図1の下の方の矢印）も試みない限り、組み立てようとしている構造と現状の間の齟齬も把握しえないわけであるから、現実の研究プロセスは、この双方向の矢印で示す作業とともに無意識のうちに取り組んでいる作業であるといえる。

ただ、本稿のこの文脈において筆者が主張したい点は、一見したところわかりにくい現象を、その本質を捉まえてわかりやすいものへと変化させる能力、ごちゃごちゃ混沌としている複雑な状況をうまく要約的にまとめ上げていく能力こそが、科学的な研究を行うにあたって最初に身につけるべき最もオーソドックスで必要不可欠な思考プロセスではないかという点である。この要素還元能力は、研究者が通常よく用いる言葉で表現するなら、分析フレームワークを構築する能力と言い換えてもよいかも知れない。

3　経営学を研究することとは

以上、ここでのポイントを要約すると、社会科学は自然科学と違って明瞭な法則性を定立しえないという意味において曖昧性を包含しており、なかんずく経営学は他の社会諸科学に比しても、どういった方法論的基軸において、いかなる観点から対象へアプローチするかという点に明確な決まりが定立されておらず、したがって対象となる諸要素を明確にし、その諸要素間の関係性を明確化することが学問における科学的思考法の純化であるとする近代科学観・学問観からすれば、経営学の現時点における科学性・学問性の水準は相対的に低位にとどまっていると判断される危惧があるという点である。換言すれば、一般的な経営学の「研究」は、科学的・学問的な立場での「研究」という語において含意される内容とは異なったものになってしまいがちであるということである。

したがって、「経営学」を真に「研究」するにあたっては、本節第一項でみたように、より経営の現場に近い実践、現象に近い立ち位置から事象を具体的に捕捉しうる能力と、第二項でみたような、ひとまずは現場の現象・実践から離れ、より高い立ち位置から単純化して現象を捕捉しうる要素還元能力、このいずれの能力も必要なのであり、経営学研究者の育成にあたっても、この双方の能力を涵養し伸張させてやるよう留意しなくてはならない。後述するように、このような互いに異なった性質をもつ双方の能力を必要とするという点こそが、他の学問領域と比して特に経営学研究者を育成するという局面固有の特徴をなすのであり、困難性の淵源であると思われる。前者の能力（現象・実践を具体的に捕捉する能力）は、一定の構造を前提とせず、現象・実践をそれ自体として素直に捉え、かつ回転速く変化についてゆくことができる能力であるのに対し、後者の能力（事象を単純化し、要素還元する能力）は、移ろいゆく現象・実践の中にも寧ろ不変・共通の要素を発見し、それを自分なりのまとめ方で筋を通して理屈づける構造化力、変化内容の感覚的・経験的理解を超え、変化という現象を相対化・客体化し、じっくりと腰を据えて考察する能力である。いわば、変化についてゆきその内容を体得する〝柔軟さ〟と、冷めた眼で変化を観察し冷徹に変化の意味を理解する〝強固さ〟の双方を持ち併せていないといけないのが経営学研究者なのである。

では次に、経営学研究者の具体的な養成プログラムの体系と実態を、神戸大学大学院経営学研究科を例にとりながら検討し、本節でみた経営学の実践性と科学性・学問性とがいかに教育されているか、検討してみよう。

三　経営学研究者養成のための制度——神戸大学大学院経営学研究科の場合——

神戸大学大学院経営学研究科の「一般院生コース」（「ＭＢＡコース生」と区別するための呼称である）では、五年一貫（博士前期課程二年・博士後期課程三年）の体系的な研究者養成プログラムが組まれている。その概要は以下に示す通りである。(3)

まず博士前期課程のうちは、開講されている授業科目群を一定の規則に基づいて履修し、単位を修得しなければならない。また修士論文を提出したうえで、論文審査を受け、最終試験に合格しなければならない。この単位修得と修論合格の二点が博士前期課程修了のための要件となっている。

但し、前期課程の修了者が博士後期課程へ進学するためには、履修科目の単位修得とは別に、「総合学力試験」のうち、第1群科目一科目、第2群科目一科目に合格していること、および修士論文の水準が「進学可能」水準に到達していることが付加的要件となる。つまり、博士後期課程へ進学し、経営学研究者となる途を目指すためには、前期課程で履修科目の単位修得に加え、総合学力試験に合格していなければならないということである。この総合学力試験の第1群および第2群は、開講されている授業科目群のうちの一般院生用コア科目と位置づけられている第1群・第2群の授業科目と、それぞれ対応している。即ち、授業を履修することが総合学力試験を勉強することにダイレクトに繋がる仕組みになっている。(4)総合学力試験を受験する機会は、前期課程の二年間のうち三度存在するため、後期課程に進学しようとする学生は、この三度の受験機会のうちに上記科目の試験に合格しておく必要がある。(5)

一般院生に対し上述の体系的コースワークがプログラムとして策定されているとはいえ、一般院生にとって今なお重要な比重を占めているのは、指導教員ごとのゼミナールでの指導教育である。どのような指導方法を採用するかはゼミナール指導教員に一任されているため、一概に述べることはできないが、例えば筆者が指導するゼミナールでは、年間に二―三回程度、研究報告を課している。一大学院生の研究報告は、以下の一連のサイクルをなして完結する。まず、ゼミナール前日までに、ゼミ専用掲示板にレジュメをアップし、事前にレジュメを一読し、質問を考えてくることをゼミ生全員に課している。ゼミ報告は、指導教員がコメントする時間帯（九〇分）と、ゼミ生相互にディスカッションをさせる時間帯（九〇分）とに区分している。研究報告終了後は、二日以内にフィードバックレポートを提出させ、ゼミでの研究報告を通じ何がわかり、今後どのような方向で研究を進めようと考えたかについてまとめさせ、ゼミ専用掲示板にアップすることを課している。この掲示板にアップされた点に対し、またゼミ生各自が補足コメントを書き込むことがルールになっており、これらがゼミでの研究報告の一サイクルをなしている。なお、筆者が指導するゼミナールにおいては、ゼミナールが開講される毎年四月時に、報告者として最低限なすべき課題と、質問者（報告者以外の全ゼミ生）がどのような質問をすべきなのかを例示的にリストアップし、それぞれ明示している。これは、かつて「質問をしなさいといわれても、どのような質問をすればいいのかわからない」という学生からの声に応え、例示の形で提示したものである。

なお、Ⅱで議論されたような、経営学という学問領域を修めるうえで必要となる「実践性」を身につけさせるべく、履修要件としては、ＭＢＡコースで開講されている授業科目（「第8群」科目）も一定限度で修得することができる仕組みになっている。実際、経営学系の授業科目においては、相当数の学生がＭＢＡコースの授業科目を履修しており、そこで得られた企業人との人脈を活かして実証研究サイトを選定し、データを収集・分析して論文をまとめようとする学生も多い。また、各指導教員のゼミナールにおいても、指導教員が従事する対社会的な活動にも可能な限り参画させ、現場の情報や第一次資料へアクセスできるよう、各教員とも努めている。

他方、「科学性」・「学問性」に関しては、いずれの教員においても、その水準向上を意識する、しないに拘わらず、各授業科目やゼミナールにおいて一定の指導がなされているものと推測されるが、筆者の知る限り、これらは研究者を目指すうえで当然のこととして暗黙の了解・前提となってしまっている感があり、明示的にこのような教育指導を行っているという話は聞かない。そのためもあってか、科学性・学問性に関しては、次節でみるようないくつかの問題点も認識されるに至っている。

四　経営学研究者養成における問題点・課題

前節で概説された教育プログラムを運営するにあたり、現在どのような問題点や課題が認識されているかについて、以下では、大学サイド・教員サイドにおける事情・問題点、および大学院生サイドの事情・問題点、に大別し、箇条書きの形態でまとめてみよう。

まず、大学（教員）サイドの事情や問題点・課題として、以下に掲げるような点が認識されている。

● 一般院生用カリキュラムのうち、コアとなるべき「第1群」授業科目数が（学部教育、MBA教育との関わりもあり）そもそも少なく、分け方（授業体系の組み立て方）にも問題がないとはいえない。例えば、経営学系としては、経営制度特論と経営管理特論という二つの授業科目が設定されているが、その両科目を明確に定義し、区分することは困難である。また、一定の体系や教育内容が確立されている会計学やファイナンス、経済学の領域と異なり、同一科目であってもどの教員が授業を担当するかに応じて授業内容がかなり違ってくるケースも散見される。

● 一般院生用のカリキュラム体系の整備（一九九四年）以降、伝統的な指導教員（ゼミナール）制との齟齬がみられるようになってきた。とりわけ、経済学のようにある程度確立された対象と方法をもつ学問領域と違い、経営学においては同一領域であっても授業担当教員と指導教員との見解・方針が異なる場合がままあり、学生に混乱を来す一因となっている場合も散見される。

● 研究者として就職口をみつけ、独り立ちしていくにあたって、昨今では教育者としての側面も相当に重視されるようになりつつあるが、教育者としての訓練を積ませるようなカリキュラムが未だ整備されていない。いずれの講義においても、大学院生のＴＡ（ティーチング・アシスタント）がつくが、現状でのＴＡの役割は、授業で配布する教材準備や機材手配等が中心であり、欧米の大学院でみられるような形態の、実際に教壇に立って教育指導を行ってみるという意味でＴＡ業務をこなすような仕組みや運用になっていない。

● とりわけカリキュラム体系の整備以降、学生のコースワークに割くべき負担が重くなったため、修士論文の指導をしても、それを吸収し論文としてまとめ上げるだけの時間やエネルギーを割かせることが難しくなっている。結果、平均的にみて修士論文の質が低下している。これは大学院生サイドの能力に関わる問題点でもある。

他方、既述の研究者養成プログラムを享受する大学院生サイドにおける事情や問題点・課題として、以下に掲げるような点が教員間で認識されている。

● そもそも、研究することの意味、どのような作業をすればそれは即ち「研究」したことになるのかという点の理解が低い。大学院入学時点で、Ⅱでみたような学問性・科学性に関心を有している学生が殆どみられない。(6) これは、一般に学部学生が経営学という学問領域に対して有している暗黙のイメージ、即ち「実践性が高い」という印象が大きく（悪くいえばそれだけで）、科学的・学問的な側面をあまり認識することなく研究者を目指そうとしている実情が影響しているものと思われる。

● 上記とも関連するが、現実の経営実践の新動向ばかりに目を向けがちで、息が長い手間暇のかかる研究を手がけようとする気概の足りない学生が多い。(7) 研究者として就職するためには、一定のアウトプット（論文、研究発表）を残さなければならないため、理論的な基礎訓練なくして、とりあえず「成果」の出やすい「実証的研究」へと安易に走る傾向にある。出てきたデータのみを単に記述し、そのデータの意味するところは殆ど考えられていないような論文が、修士論文でも博士論文でも、増える傾向にある。そのような場合、論文審査では不合格となるケースが多い。

● 研究の全貌を構想し、そのステップを自分で組み立てることができない学生が（博士後期課程でも）増加している。つまり、ある研究テーマを定めたとしても、それの解明へ向けてどのような文献を読み、どのような方法論を用い、また（実証するのであれば）どのような実態調査をしてアプローチしていくといいのかという、研究全体の構想を練ることができない学生が増加している。

● 研究テーマを定め、読むべき先行研究が定まったとしても、それらを通り一遍な形で読むことはできるが、そこに書かれている知見を自分なりに消化し、解釈を加え、他の諸研究と比較考量をし、といったような知的展開をすることができない。換言すれば、いくつかの文献レビューを試みても、それらをどのような形でまとめ上げ、自分なりに整理するとよいかがわからず、単に文献の中で書かれていた点のみを列挙するだけであり、何に焦点を当てて文献を読んだのかを提示できない学生が増えている。

神戸大学大学院経営学研究科の研究者養成プログラムの現状においては、上述のような課題や問題点が教員スタッフの間で認識されており、毎年どのようなカリキュラム体系を設計すればよいか、ＦＤ（ファカルティ・ディベロップメント）委員会等の場で議論されたり、教員間でインフォーマルに情報交換がなされたりしている。上述の問題点のうち大学院生サイドの問題点として指摘された点の多くは、曖昧模糊とした経営現象・実践からいかに科学的・学問的な形での「整序」を行い、自分なりの分析フレームワークを構築することができるかという点と大きく関係しており、経営学研究者の養成にあたっては、この点に留意しなければならないことが示唆されているといえよう。

五　むすび

以上の議論より、本稿の帰結として導出される結論は以下の四点である。

第一に、経営学研究者になること、経営学研究者を育てることは、他の学問領域にもまして難しいという点である。経営学は、現象・実践に近いトピックスを研究対象とするという特徴を有しており、このことから学問への「参入障壁」は他学問に比して相対的に低い。つまり、一見したところ取っつきやすく、これから新しく経営学を学び研究者になろうとする者に対し、その入り口においては比較的容易に学習を進めていくことができる。しかし、いざ論文を執筆する段になると、経営の現場や実践に対する興味・関心に加え、他の諸学問の場合と同様（ないしそれ以上に）、学術的・科学的な思考訓練が必要となる。つまり、現象や実践を捕捉するための概念や構造、体系についての学習、思考訓練が不可欠となる。前者が現象を捉える具体性理解力や頭脳の回転力を要するのに対し、後者は寧ろ抽象化能力や要約力を必要とすることから、経営学研究者になるためには相矛盾しがちな二つの能力を具備していることが要件となる。経営学研究者になること、またそれを育てることの困難性は、究極的には、互いに相容れにくいこの二つの能力を一研究者内に同時に具備することを要するという点に基因する。現象の構造化・抽象化の過程に絶対的パターンが確立されていない経営学研究においては、他の学問領域以上に、科学性・学問性をいかに研究に反映させるかの視座やそのための手法の選定がキーファクターとなる。

第二に、実践性と科学性の双方の能力が経営学研究者を育成するうえで必要なのであるが、大学院入学当初から双方の能力をともに完全な形で具備している学生は非常に稀であり、筆者のこれまでの研究者育成の経験からして、うまく育成できるのは、当初段階で（実践性への関心はやや低くても）ある程度の科学的思考能力を備えている学生であるということである。このような学生に対しては、次第に現実的関心を伸張させていく機会を付与することによって、ほぼ順調に能力を伸ばしていくことができるように思われる。ただ、逆のパターンの学生、即ち現象的・実践的関心のみが高い学生の場合には、科学的・学問的思考訓練を施して育成しようとしても、相当に骨が折れるか、大学院課程五年間ではうまくいかない場合が多い。後者パターンの学生の場合には、そもそも研究者になることの意味を曲解しているケースが少なくなく、この点の理解を正すことから始めなければならないため、それだけで優に数年間を要する。実践性の高さという経営学領域に固有の特性に鑑みると、現実的関心をもちながら研究者の途を志すことは決して否定的に捉えられるべきではないが、研究者となるためには最終的に学術論文を執筆しなければならず、現実的関心しか有していない学生の多くは、この学術論文を執筆する段で非常に苦労する。そのような学生は、次から次へと新たに生起していく現象を表層的に追おうとするあまり、時間やエネルギーを割かなければ産み出すことのできない論文執筆という作業に腰を据えて取り組むことに精神的苦痛を伴いがちなためである。つまり、経営学研究者育成のための「戦略」としては、学部学生の段階で、たとえ萌芽程度であっても科学的思考能力を備えた学生を見いだし、彼（女）らに大学院進学を勧め、科学的・学問的思考能力をさらに錬磨し深化させながらも徐々に現象的・実践的関心をもつような機会を付与することを通じて、実践性と科学性・学問性の双方を涵養していくという道筋をとることが賢明かも知れない。

第三に、上述のような、科学性の萌芽を有しているが実践的関心の薄い学生を育成していく場合、（とりわけ神戸大学の場合には）ＭＢＡコース生と交流させる機会をもたせることが、ひとつ有意な方途になりうるという点である。神戸大学のＭＢＡコース生は、「働きながら学べる大学院」を標榜していることもあり、当該コースに入学してくるＭＢＡ学生はまさに経営実践の第一線で日々どのような点が問題となっているかについての〝情報の宝庫〟である。指導教員としては、ＭＢＡコース生と一般院生との接点をうまく作ってやり、一般院生の科学的・学問的な視点からして、ＭＢＡ生の問題としている点はどのような切り口や観点から捕捉できるかを考えさせる機会を付与してやることで、経営実践における最先端の事象や現場の知識を習得させることができる。経営学分野で博士論文を執筆する場合、神戸大学に限らず他の多くの大学院においても、何らかの形で実証データを収集し分析するというスタイルの論文が多くなっているが、このＭＢＡコース生との接点をうまく博士論文の実証研究部分とリンクするよう指導してやることで、科学性・学問性に加え、現実的関心をも高めていくことができるように思われる。(8)

第四の結論は、経営学の研究者になろうとする大学院生に「経営学の研究者になること」の意味を深層レベルで理解させる必要があると同時に、我々経営学界人もまた「経営学研究者を育成すること」がどのような意味を有することなのか、深いレベルで考えなくてはならない段階にさしかかっているということである。大学における経営学の研究者はどういった社会的役割を果たすべきなのか、経営コンサルタントとはどう異なるのか、企業経営者を育成することとどのように異なるのか。――これらの論点は、経営学が学問として生起した時点から既に多くの議論が重ねられてきた点であり、昨今でこそあまり議論されなくなった感もあるが、実はこれらの論点は、わかったようでいて、大学院生はもとより研究者サイドにも十分なコンセンサスがなく、よく理解できていないのではないだろうか。一九九〇年代以降、産学連携の必要性が叫ばれるようになり、高度職業専門人を育成すべく専門職大学院が次々と開設されてはいるが、大学における研究とは何か、経営学研究者の果たすべき社会的意義は何かを真剣に議論する機会は、近年では寧ろ少なくなりつつあるように思われる。(9)

経営学は現象や実践に近い位置からアプローチするという特性を有しているからこそ、逆にその科学的厳密性・学問性を無視することなく、あるいは他の学問領域以上に、この点を認識しうるような研究者を育成しなければならない。これがアカデミックな大学院レベルにおける経営学教育のあり方ではなかろうか。

注

(1) 上林憲雄ほか『経験から学ぶ経営学入門』有斐閣、二〇〇七年、三六八―三八二頁。

(2) Chandler, A. D. Jr., *The Visible Hand*, Cambridge, Mass.: Belknap Press, 1977.（鳥羽欽一郎・小林袈裟治共訳『経営者の時代（上・下）』東洋経済新報社、一九七九年。）

(3) 神戸大学大学院経営学研究科においてこの体系化がなされたのは一九九四年であり、それ以前は、一般院生が一学年二〇名程度の少数に限られていたこともあって、授業単位七科目（一四単位）履修以外の局面はゼミナール指導教員に指導の全てが一任される、伝統的な「寺小屋方式」であった。つまり、博士後期課程への進学要件としての総合学力試験制度は課されていなかった。

(4) 博士論文の提出要件として、総合学力試験の第1群科目に二科目、第2群科目を一科目、第3群（第二論文）に合格していることが求められているため、第1群科目に一科目しか合格していない場合には、後期課程に進学以降にさらにもう一科目の第1群科目に合格することが必要である。総合学力試験の第3群（履修要件の第3群とは無対応・無関係）は論文提出・審査であり、博士後期課程に進学以降でないと受験できない。第二論文では、修士論文で取り組んだテーマを発展させ、博士論文に今後繋げていけるような研究論文になっているかどうかがチェックされる。

(5) 神戸大学大学院経営学研究科の博士課程カリキュラムの概要は次のウェブサイトに掲載されているので、参照されたい。
http://www.b.kobe-u.ac.jp/education/phd/index.html

(6) 周知のように、大学院生になるまでのルートは、学部からダイレクトに大学院に入学してくる者以外にも、いったん企業で数年間の実務を経験したうえで入学してくる者も居れば、企業で相当の役職に就いている実務家が研究者キャリアを目指し入学してくる場合もあり、多種多様な様相を示している。本稿では、他の学問領域における研究・教育との相対的比較も考慮に入れつつ議論しているため、最も一般的なキャリアパターン、即ち学部卒業後直ちに大学院に入学し研究者として育っていくというパターンの大学院教育を念頭に置いている。

(7) この問題点に関しては、同様の文脈で次の文献に指摘がなされている。沼上　幹「われらが内なる実証主義バイアス」『組織科学』第三三巻第四号、三二―四四頁。

(8) 但し、ＭＢＡ生との交流は、ある程度学問的思考訓練ができるようになる博士後期課程に進学してからの方が望ましいであろう。寧ろ前期課程のうちは、徹底した基礎訓練を積ませる方がよい。大学院入学直後からすぐに経営実践に詳しいＭＢＡ生と交流すると、自分の（実践に対する）無知を悟り、かえって自信を喪失させてしまいかねない危惧もあるので要注意である。指導教員としてはこの点で学生へのフォローが重要となるであろう。

(9) Kambayashi, N., Morita, M. and Okabe, Y., *Management Education in Japan*, Oxford: Chandos Publishing, 2007, p. 11.

七　日本におけるビジネススクールの展開と二十一世紀への展望

パネラー1：青山学院大学・大学院国際マネジメント研究科　高橋文郎
パネラー2：関西学院大学・専門職大学院・経営戦略研究科　中西正雄
パネラー3：中央大学・専門職大学院　戦略経営研究科　高橋宏幸
司会：中央大学・総合政策学部・専門職大学院　戦略経営研究科　丹沢安治

一　はじめに

ビジネススクールは主にすでに社会に出た社会人・企業人を対象に、実務に近い内容を主体として教育を行う機関であり、学校教育法では、専門職大学院として規定されたものである。課程修了者は経営修士あるいはMBA（Master of Business Administration）を取得する。

日本では、一九六二年に慶応義塾大学がエグゼクティブコースとして開設し、一九七八年に経営管理研究科として本格的にビジネススクールを開設したのが嚆矢であるといわれている。（青井（二〇〇五））またKBS（慶應義塾大学ビジネススクール）はハーバード大学と提携し、ケースメソッドを採用していることでも有名である。これはケースを数百本こなしていくうちに経営実務上の「知恵」をつけるという教育方法であり、ハーバード大学ビジネススクール以来の伝統と高い評価を誇っている。また、他方では、受講生の実務上の経験を前提とし、それらを戦略経営やマネジリアルエコノミクスなどの理論的な枠組みと照らし合わせながら、整理するという教育手法も普及している。

このように、特に米国においては、実践的な教育の場として、またキャリアアップの手段として確立した教育制度でもある。にもかかわらず、日本においては、どのビジネススクールも必ずしも十分な受講生を集めているとはいえない。入試倍率は2倍程度で良好とされ、多くのビジネススクールでは定員割れを起こしているとも言われている。米国のビジネススクールは、第一学年の合格者は一〇〇〇人程度、応募者は七〇〇〇―八〇〇〇人程度といわれ、せいぜい一〇〇人程度の入学者、数百人程度の応募者である日本とは大きく事情が異なっている（石川〔二〇〇三〕）。二十一世紀は知識基盤社会といわれているが、この予測とビジネススクールの現状との乖離は大きいのではないだろうか。

ビジネススクールとはどのようなものか、どのような問題を抱えているか、そしてこれからの二十一世紀においてどのように展開すべきかを、ビジネススクールにおいてそれぞれご経験を持つ三人をパネラーとして迎え、議論した。高橋文郎氏は、日米のビジネススクールの特徴を識別したうえで、自身の所属する青山学院大学大学院国際マネジメント研究科のカリキュラムを明らかにしている。中西正雄氏は、関西学院大学経営戦略研究科の独特なカリキュラムを紹介し、高橋宏幸氏は、やはり日米のビジネススクールの相違に言及した後に中央大学専門職大学院戦略経営研究科のカリキュラムを紹介している。

これらの論考により今日のわが国におけるビジネススクールの現状と問題点、そして各人が考える解決策の提案がなされているといえるだろう。

（丹沢安治）

二　日本におけるビジネススクールの展開と二十一世紀への展望

日本における今後のビジネススクールの展開について考える場合、まず日米のビジネススクールの違いについて理解することが必要であろう。周知のように、米国ではビジネススクールが、ビジネスパーソンのキャリアアップのステップとして完全に定着している。米国では、大学を卒業して企業に勤めた人間がキャリアアップを目指して、いったん企業を辞めて、より高い地位や給与を目指すためにビジネススクールで勉強して、ＭＢＡを取得する。企業の側も、ＭＢＡ取得者を幹部候補生として採用する慣習が完全に定着している。米国ではビジネススクールに来る学生の平均年齢は二〇代後半と言われている。

これに対して、日本では、ＭＢＡを取得すると地位や給与が上がるという慣習は全くない。では、日本の学生は何を期待してビジネススクールに来るのであろうか。我々の経験に基づくと、二つの傾向が見られる。第一はビジネスの現場で経験は積んだが、ビジネスに関する体系的な知識が不足しているので、企業経営の知識を幅広く身につけたいと考えるタイプである。第二は、例えばファイナンスやマーケティングなど専門的な部署で働く人間が、専門性をより深く追求したいと考えてビジネススクールに通うケースである。いずれの場合も、すでにビジネスである程度の経験を積んだ人間であり、年齢層は三〇代が中心である。また、このような人間を対象にするため、日本のビジネススクールは夜間と週末に通学するスタイルが中心である。

日本では、特に大企業では伝統的なローテーション人事の習慣が根強く残っていたり、社内研修が充実しているので、今後も米国と違って、企業の側がＭＢＡ取得者を特別視したり、ＭＢＡがキャリアアップのステップとして定着する可能性は低いと思われる。このため、我々は、日本ではＭＢＡ市場が急激に拡大する可能性は低いと考えている。

ところが、二〇〇三年度の専門職大学院制度の発足以降、わが国ではビジネススクールの開設が相次ぎ、各大学とも優秀な学生の確保に苦労している状況が続いている。このように、言わば供給過剰の状況の下で、各ビジネススクールは、競争に勝ち抜くために、これまで各大学が築いてきた強みやブランド・イメージをベースにして、自らのスクール・コンセプトを確立することが要求されている。

このような状況の下で、青山ビジネススクール（青山学院大学大学院国際マネジメント研究科）は、「自ら考え、分析し、意思決定の行える経営プロフェショナル」を養成するという目標を掲げ、「体系的」、「先端的」、「国際的」なカリキュラムを提供するという方針を掲げている。

まず、第一に、青山ビジネススクールは、必修科目―専門科目―プロジェクト演習科目という段階的なカリキュラム体系をとっている。これは、「経営プロフェショナル」の条件として、経営各分野の基礎知識を体系的に身につけた上で、最低一つは自分の専門性を持つことが必要であると考えるためである。いわばT型人間の発想である。

弊スクールに入学した学生は、まず、企業倫理、経済学、統計学、経営戦略、組織行動、マーケティング、会計学、ファイナンス、オペレーションズ・マネジメントといった経営各分野の基本科目（必修科目）を学ぶ。これらの必修科目群は、米国のビジネススクールとほぼ共通の内容であり、我々はこのような経営各分野の基本科目を提供することが、一流のビジネススクールであるための必要条件と考えている。

その後、弊スクールでは、一年次の後半から専攻分野を一つ選択して専門性を追求する。現在、弊スクールの専攻分野は、マネジメント（経営戦略と組織）、マーケティング、ファイナンス&アカウンティング、オペレーションズ&情報システムの四分野となっている。

弊スクールでは、二年次になると、学生は専門科目と共に、応用的なプロジェクト演習科目を履修し、マネジメント・ゲーム、証券投資シミュレーション、インターネットの事業への活用、新規事業計画策定などのテーマに挑戦する。これらのプロジェクト演習科目は、いずれもグループ学習によって、それまでに学んだ知識の統合を目指すものである。いずれの科目でも、企業経営者やファイナンス専門家などに学習成果が厳しくチェックされることによって、経営の実践的な分析能力を身につけることができる。

ビジネススクールではどのような教育方法が望ましいのかという議論をよく聞くことがある。我々は、分野の性格や、その科目が基礎科目か応用科目かによって、最適な教育方法は様々であると考えており、単なる一方的な講義だけでなく、討論、ケースメソッド、グループワークなどの方法を効果的に組み合わせている。

第二に、青山ビジネススクールでは「二つの先端的テーマの追求」という方針を掲げている。その一つはビジネスの各分野の先端的な理論的テーマを追求することであり、もう一つは現実の企業が直面する経営課題について、その解決方法を追求することである。

弊スクールは、この二つの先端的テーマを追求するために、アカデミックなバックグラウンドを持った研究者教員とビジネス経験豊富な実務家教員とをバランスよく配置するよう努力している。このような大学出身の教員と実務家出身の教員とのコラボレーションにより、最新のビジネス分野の理論的成果とグローバル企業が直面する経営課題を反映した教育を実施できると我々は考えている。

我々は、教育・研究の面で重点を置くべきテーマとして、グローバル、アントレプレナーシップ（起業家精神）、ＩＴ（情報技術）の三つを強調している。これらは大企業、ベンチャー企業を問わず、企業革新を促進する原動力となるファクターであると考えるからである。弊スクールは、このような現実のビジネスのニーズに応える教育を追求するために、企業経営者や経営幹部から成る評議委員会を持ち、助言をもらう仕組みを整えている。

第三に、弊スクールは「国際的」なビジネススクールでありたいと考えている。まず、我々は、海外の一流ビジネススクールに準じた教育内容を提供して、グローバルスタンダードに則ったビジネススクールであるように努力している。例えば、前述のように弊スクールでは企業倫理を必修科目にしているが、これは、エンロン事件以来、米国の多くのビジネススクールが企業倫理を必修科目として取りいれた動きに習ったものである。

また、弊スクールは、これまでカーネギー・メロン大学（米国）、モスクワ大学（ロシア）、復旦大学（中国）、ソウル国立大学（韓国）など世界で二〇校以上と提携関係を結んでおり、インターネットを利用した国際合同授業やＭＢＡ学生の相互訪問による交流を実施している。これらの活動は、前述のように「グローバル」な観点が日本企業や日本のビジネスパーソンに欠かせないという考えに基づくものである。

これまで青山学院大学は、「国際性」、「立地の良さ」、「おしゃれ」といったブランド・イメージを築いてきた。我々は、米国で発展してきたビジネススクールのあり方に学びながらも、青山学院大学全体が築いてきた研究・教育の蓄積やブランド・イメージを生かしながら、日本の環境に適合したビジネススクール像を追求していきたいと考えている。

（高橋文郎）

三　経営学教育と経営教育――ＭＢＡ教育を中心に――

1　ビジネススクールのカリキュラムの概要

ビジネススクール（ＭＢＡ）の目的は“Professional Manager”の養成である。ここでProfessional Managerとは：「組織・企業の経営者（＝マネジャー）としての（普遍的な）能力を持つ人材」を指す。

ビジネススクールの科目構成はほぼグローバルに共通で、次のような科目群からなる。

基礎科目：ビジネススクールで学ぶための基礎を身につける科目群（経済学、経営学、会計学、統計学、ＩＴリテラシーなど）

中核科目：経営者（マネジャー）として共通に必要な能力をつける科目群（マネジメント、経営組織論、企業倫理、意思決定、リーダーシップ、人的資源管理、財務管理、生産（業務）管理、マーケティング管理など）

専門科目：各個人に専門性をあたえるための科目群（マネジメント、ファイナンス、マーケティング、ＭＯＴ、起業家、etc.）

2　ビジネススクールのカリキュラムの特質

ビジネススクールのカリキュラムの特質として、次のような点を挙げることができよう。

学際的：マネジメントは応用科学。（医学、工学と似ている。）そのためさまざまな学問分野の成果を取り入れる必要がある。（e.g., 経済学、行動科学、統計学、etc.）

国際的：グローバル・スタンダードに準拠しなければならない。日本型経営だけを教えても通用しない。

流動的：企業経営の焦点は時代によってめまぐるしく変わる。（財テク、リストラ、競争戦略、etc.）「不易」は大切だが、「流行」も取り入れなければならない。

「体育会系」：マネジメントは座学では習熟できない。実習や事例研究が重要。

3　マネジメント教育における理論

上記のようなカリキュラムによって行われる教育を「マネジメント」教育とよび、経営学教育と区別したい。ここで言うマネジメントは応用科学であり、いわゆる経営学の理論だけを学べばProfessional（職業的）マネジャーになれるとは限らない。

応用科学としてのマネジメントにおける理論の適用範囲を見ると、私見では、マネジメントには経済学のような包括的なグランド・セオリーは存在しない（する必要がない）と考える。（医学や工学にはグランド・セオリーはない。）

しかし他分野から持ち込まれた多様な理論がマネジャーの現実認識を助け、将来の予見に役立っていることは事実であり、これらを「中間的理論（群）」とよぶことにしたい（e.g. スモール・ワールド理論）。さらに実務レベルでは、個別の機能分野に特有の理論群がある（e.g. 財務管理におけるブラック・ショールズ理論）。こうした実務理論はその分野の専門家になろうとする学生にとって重要である。

4　経験則の重要性

マネジメント教育では経験則（heuristics）が大きな意味をもつ。ここで言う経験則はいわゆる「おじいさん（おばあさん）の智恵」である。こう言うと経験則はたいしたことはないと思われがちだが、実は非常に有用なものである。（経験則の凄さを示すもの：コンピューターでなければ解けないと思われていた問題を人が解ける）経験則を「企業人の常識だから教えなくてもよい」と切り捨てるのは間違いである。（常識のない企業人も沢山いる。）また「経験則が通用するのは環境変化が少ない時だけ」と言うのが常識であるが、時代を超えて通用するような経験則もある（e.g. 戦略・戦術の階層性）。ＭＢＡプログラムでは優れた経験則を多く教えることが大切である。

ではなにが優れた経験則か。端的に言えば、それにもとづいて行動すれば成功のチャンスが高くなるような（または失敗のチャンスが少なくなるような）経験則を言う。もし一つの経験則を繰り返して適用することで、成功・失敗を見極めることができるなら、経験則の良し悪しはすぐに分かるが、そんな経験則ばかりではない。反復できない場合には、理論的な裏づけが必要である。とくにある経験則の重要性を学生達に納得させるには、上に述べた中間的理論が役に立つ（例　マーケティングでの「セグメンテーション・ターゲティング」と消費者行動理論）。

5　経営学理論に求めるもの

このように言ってしまうと、まるでマネジメント教育の中では経営学理論は必要でないように聞こえるかもしれないが、そうではない。自分の経験から、マネジメント教育の中で、経営学理論に答えてもらいたい事柄はいくつもある。例えば：

・企業・組織の本質は？　経営資源の集合体？　マン―マシン・システム？　情報ネットワーク？

・企業・組織を「経営（管理）する」とはどんなこと？　Plan-Do-See サイクル？　入力・出力の管理？　エネルギー（情報）の変換？　その全て？

・企業・組織のタイポロジーとそれに対応するマネジメント・スタイルは存在する？

・環境変化にしたがってマネジメント・スタイルをどう変化（または進化）させて行くべきか？　etc.

6　マネジメント教育の今後

マネジメント教育にこれまで二〇年にわたって携わってきたものとして、素朴な疑問がある。それは「マネジメント教育の目的は大企業の中間管理者層を育てることなのか？」という点である。欧米の一流ビジネススクールはこの点でまったく迷いがないように見える。（そうでなければ誰が年間三万ドル～四万ドルという学費を払えるのか？）日本でも暗黙裏にこの方針をとっている大学があるように思える。しかし社会的に見た場合、本当にマネジメント教育を必要としている人たちが大企業以外にも沢山いるのではないだろうか？

グローバル経済の中で、最近の日本の相対的地盤沈下は果たして大企業の弱体化に起因しているのだろうか？国際的に見ても、日本の大企業は結構うまくやっているように思える。これだけうまくやっている大企業の中間管理層のテコ入れに（社会的組織としての）大学が力を入れる時期はもう過ぎたのではないだろうか？

日本企業の「モノ作り」能力の衰退は中小企業の衰退と関連していると言われている。また将来大企業に成長する可能性のあるような新規起業は近年かえって減っていないだろうか?·こうした現象は資本力や技術力の不足だけが問題とは思えない。実は中小企業や、起業家達の間でのマネジメント能力の不足が大きく影響していると言えないだろうか?

7　マネジメント教育の今後

私見では、日本経済の「底支え」になるようなマネジメント教育に大学がもっと力を入れてもよいのではと考える。例えば：

・中小企業におけるマネジメント能力の増大：いわゆる「企業人の常識」を持っていない人が多すぎる。その人達のほとんどは中小企業にいる。

・新規起業家の育成と起業後のマネジメント支援：基礎的なマネジメント能力なしに起業しようとする人が多い。

・「社会企業」のマネジメント支援も必要：NPOには善意に溢れてはいてもマネジメント能力に欠けた人が多い。

こうした企業や組織の人材を育てることが、ひいては日本経済の底上げにつながるのではないだろうか。

8　今後のマネジメント教育の問題点

残念ながら、社会的に要請されているこうした企業・組織や人を対象としたマネジメント教育はお金にならない！（学内でも「大学だって事業なのだから」と冷たくされる。）

他方、中小企業や起業家は理論的研究の対象として重要視されていないため、若手の研究者が関心を持ってくれない。（かってある高名な学者に「中小企業のマーケティングを研究して博士号がとれるか?」と問われて答えに窮したことがある。）

しかし、中小企業や非営利組織の人材は「実務家にボランティアとして教えてもらう」とか、「政府の補助に頼る以外にない」というのでは、大学の公共性を考えればあまりに無策・無責任だと思われる。

お金をかけないで、社会的に要請されているマネジメント教育を進めてゆくには以下のような方策が考えられる。
・地域の大学間で教育的リソースを共同利用する：例　関西社会人大学院連合の専門セミナー
・地域の自治体や経済団体と連携する：例　「社会人の学び直しニーズ対応プログラム」（大阪市、関西経済連合会などと連携して実施。四大学（関関同立）社会人教育連携協議会が事業主体となっている。）
・学部レベルでのミニMBA教育を行う：ビジネススクールが提供母体となって、全ての学部生に公開し、約一年かけてマネジメント教育を行う。これをジョイント・ディグリー・プログラムにすると学生のモチベーションが上がるだろう。これが普及すれば従来のMBAプログラムはもっと専門化することができる。

（中西正雄）

四　日本のビジネススクールのめざすもの——その現状と課題——

1　米国のビジネススクールの概要と問題点

(1)　ビジネススクールは米国に起源を持ち、米国社会の中で大きな役割を果たしてきている。専門職大学院すなわちプロフェッショナルスクールとしてのビジネススクールは、経営のプロを育成することを目的としている。経営のプロとは、経営学をマスターすることではなく、現実の経営上の解決すべき問題に対する解決能力、すなわち経営力にもとめられている。したがって、称号MBA（Master of Business Administration）は、経営学修士ではなく経営修士となっている。

(2)　米国の大学でのプロフェッショナルスクールのウェイトが高い。メディカルスクール、ロースクール、ビジネススクールの三つが代表的な専門職大学院すなわちプロフェッショナルスクールである。これらプロフェッショナルスクールの数、在籍者数そして各界で活躍している卒業生などいずれの点においても圧倒的に他を凌駕している。

(3)　ビジネススクールの場合、入学者のバックグランドは多種多彩である。就業経験が入学の前提となっていることが多く、様々な職業経験、各種各様の大学等の出身者。リベラルアーツ型のカレッジ、リサーチユニバーシティ等の出身者以外からのビジネススクールへの進学、エリート校のビジネススクールとそうではないものとの違いが、入学者の出身大学層の違いとして反映している。

(4)　西部のスタンフォード、ＵＣＬＡ、バークレイや東部のアイビーリーグ校（私立大八校）のビジネススクールはエリート校として、社会的に評価され、入学難易度、卒業後の初任給、企業の経営幹部への昇進など傑出した高さになっている。なおこの初任給は、ビジネススクールのランキング、ビジネススクールでの専攻分野、就職先の企業、業種によって大きく左右される。

ビジネススクールは一般的に修業年限二年で、ＭＢＡ取得により、さらに待遇の良い職場への転職希望者がかなりを占める。そうした学生が圧倒的多数を占めることとビジネススクールでの教育は関係してくる。またＭＢＡコースは学者養成ではないが、Dr. コースへの通過点となる場合もある（ＭＢＡコース以外に、年限二年の多様な修士コースが用意されている）。

以上のことを要約してみよう。米国においては、一部特定のビジネススクール、すなわちエリート校に大きな特典が与えられているに過ぎない。この点では、ロースクールにも当てはまる。四年制大学卒業後、ロースクールで三年間のＪＤ（ジュリス・ドクター）コースを終了し、司法試験に合格して、弁護士、裁判官になる。このドクター・コース以外に、外国の法学部卒業生には年限一年の法学修士（ＬＩＭ）コースが用意され、ニューヨーク州、ミシガン州の司法試験受験資格が与えられる。

ビジネススクールにしてもロースクールにしても、一部の特定エリート校出身者に輝ける未来が約束されているにすぎない。

しかし修業年限二年で修得できる能力の限界があるかもしれない。ケーススタディ重視、理論重視、両者の折衷型のいずれにおいても、フルタイムの場合でも、教育を受ける範囲は時間的にかなり制約されている。その結果、ビジネススクールの場合だと、比較的短期間に専門的知識の習得が可能であるファイナンス、マーケティング分野に履修希望者が集中する傾向にある。ただし、米国のキャリアパスからすれば、むしろ特定の分野に集中することの意義は否定できない。なお、海外のケースを用いたケーススタディでは、とかくそれらは旧かったり、正確性を欠くことさえある。

2　日本でのビジネススクール

(1)　日本の大学と経営学教育

これまでの日本の大学と経営学教育という点からすると、慶応義塾大学ビジネススクール（ＫＢＳ）を除いて日本の大学はビジネススクールとは全く無縁の歩みをしてきた。そもそも日本は旧制高校、旧制大学の時代には確保されていた質の高い教養と専門能力の修得は、戦後の新制大学では大きく後退し、それに代わって登場したのが教養課程と専門課程で修業年限を構成する中途半端な四年制教育機関「新制大学」であった。特に文科系四年制大学では必ずしも大学時代修得してきているはずの専門能力は採用に当たって決定的な評価対象とはされてこなかった。ところが、少子化、高い転職率、昇進意欲・労働意欲の減退 etc. のため、今やどのような専門分野を選択し、専門能力を修得してきたかを問わずに採用し、入社後それぞれの企業が必要とする研修を行うというやり方が立ち行かなくなってきている。

(2)二十一世紀の知識基盤社会を迎えてのビジネススクール・

高度専門職業人の養成が急務である二十一世紀の知識基盤社会を迎え、日本の大学に何が求められているのか考えなければならないだろう。これまでの新制大学が教授してきたことで求められている高度専門職業人は養成できないことは明らかである。また、大学院、とくに圧倒的多数の私学の大学院は良質の学生の獲得に窮し、定員を大幅に下回る学生数に甘んじているのが現状である。学者・研究者といったアカデミシャン養成機関から次第に学部卒業生の就職浪人の受皿化している既存の大学院にかえ、ビジネススクールで真正面から対応していかない限り、無理というのが大方の本音であろう。

とは言ったものの、日本のビジネススクールの現状を見れば、文科省認定の正規のものだけでも約五〇校、それ以外にビジネススクールを自称するものも含めれば軽く一〇〇校は超え、定員充足状況、カリキュラム内容、教員の充実度といった点からするとかなり厳しい現状となっている。米国における有力エリートビジネススクールへの羨望とは裏腹に日本のビジネススクールに対する不当に低い評価がなされていることなどから、ビジネススクールの単なる量的拡大、急速な開校はむしろ日本のビジネススクールに対する信頼を毀損し、評価を決定的に押し下げてしまう虞さえある。

(3)　中央大学ビジネススクールの開校について

中央大学は、この四月一日ビジネススクール、すなわち中央大学専門職大学院戦略経営研究科を開校した。すでに全国では約五〇校が開校しているので、いわば後塵を浴びる形になっている。では何故、何を目的に開校したのか、簡単にまとめてみよう。

中央大学は専門職大学院としてわが国最初のアカウンティングスクール、わが国最大規模のロースクールを開校しており、ビジネススクールは三番目になる。中央大学は開学当初からの「実学の精神」「実学主義」に支えられ総合大学として発展してきた。近々、創立一二五周年を迎えんとする長い伝統の中で、「法科の中央」という社会的名声も得ている。これまで培った法曹の伝統を「経営法務」を通じて、中央大学のビジネススクール「戦略経営研究科」のカリキュラムにも活かすことで、高度専門職業人の育成に当たろうとしている。

二十一世紀の知識基盤社会を迎え、混迷の度合いをますます深める中で、将来のCEOに相応しいリーガルマインドとビジネスマインドに支えられた人材の育成をはかるべく「戦略経営」(Strategic Management)をキー・コンセプトに構想している。企業内の各機能分野の統合を確保しつつ、それぞれの戦略の策定、実行そして評価という三つのプロセスを総合的に進める上で、それを担う最高経営責任者であるCEOを目指すビジネスパーソンにとって不可欠な能力を育成していくことが本研究科の課題となる。

それは、マネジメントの本髄であり、サイエンスばかりでなく、アートとクラフト(技)の混在したものであるがゆえに、これを教授していくことはそう簡単な話ではない。形式知と暗黙知をどう結合していけば、個人の経験を超え、時間と空間から相対的に開放された実践的な知識を提供できるかが重要なのである。このようなビジネスパーソンには、高度の倫理観、強靭な精神力そして卓越した洞察力を身につけていることがもとめられるのであって、それを背景に確実で、骨太の知識を身につけることが何にもまして必要だろう。これには専任教員の三割は実務家教員で充てなければならないという専門職大学院に対する文科省の規則にもあるように、百戦錬磨の実務家を交えたカリキュラムの作成と当該講義に最も相応しい経営者の講義への登壇によって取り組んでいくことによって実現を図っている。

(高橋宏幸)

参考文献

青井倫一「日本におけるビジネススクールの課題とKBSの挑戦」『オペレーションズ・リサーチ』二〇〇五年一二月号。
石川　昭「日米ビジネススクールの回顧、現状と展望」『経営行動科学』第一七巻、第二号、二〇〇三年、六九―七六頁。

Ⅲ　論攷

八　チーム医療の必要性に関する試論

――「実践コミュニティ論」の視点をもとにして――

渡邉弥生

一　はじめに

生活習慣病や悪性腫瘍などの慢性疾患が増加し、さらに平均寿命が延びている現在、価値観の多様化や人権意識の高揚も加わって、単に「疾患を治す」だけでなく、患者の生活に密着した医療が問われ始めている。その結果、「患者の治療方針を決定する意思決定の過程」が複雑化せざるを得なくなっており、あらゆる情報の中から特に患者の意思を反映できるような治療体制づくりが必要となっている。

病院では、医療の専門分化に伴い、様々な医療関係職種が各々の現場で得た知識と情報をもって存在している。したがって、患者のための医療を提供するうえで必要になるのは、最新の医学知識や患者に関する情報を効果的に伝達し、共有するシステムであろう。各分野において精通した医療関係職種が、自由に知識や情報を交換しながら患者に最適な医療を提供する「チーム医療」の必要性が叫ばれるのも、基本的にはそのためである。ところが、わが国では一般的に、各々の医療関係職種が国家資格により規定された医療業務を「医師の指示のもとに分担して遂行する形式をチーム医療」ととらえてきた経緯がある。そのため、職種間の情報共有不足やコミュニケーションの齟齬を生じ、結果として、患者にとって最善の医療が実現できないケースが散見されることになった。

そこで本稿では、医師を中心とした階層性による問題点を指摘しながら、医療関係職種間における情報や意見の交換を促すチーム医療の体制について一つの見方を提示することを目的としている。その際の論点は以下の三点である。第一に、医療におけるチームの体制には、マルチディシプリナリー・チーム、インターディシプリナリー・チーム、トランスディシプリナリー・チームなどがあるが、本稿では特に、高齢者医療や慢性疾患にふさわしいとされる（Preiffer, 1998）「インターディシプリナリー・チーム」[1]の体制を基に「チーム医療」を検討する。第二に、本稿における「チーム医療」とは、「異なる専門知識と情報をもつ医療関係職種が、その知識と情報に基づいて自由に討論する中で患者にとって最適な医療を提供する行為」であり、患者や家族と医療関係職種がネットワークを構成している形態から成る。第三に、「チーム医療」を検討する際の手がかりとして、Wengerらによる「実践コミュニティ」（Wenger, et al., 2002）の考え方を応用し、「コーディネーター」の役割に焦点を当てながら望ましい「チーム医療」の体制について考察する。

二　患者と医療をめぐる時代背景

1　医療技術の進歩による高齢化と疾病構造の変化

日進月歩の科学の進歩は、医療に多くの変化をもたらしている。たとえば、平均寿命の高齢化が挙げられる。平成十九年簡易生命表によると、男性の平均寿命七九・一九年、女性の平均寿命は八五・九九年と、前年と比較して男性は〇・一九年、女性は〇・一八年上回った。また、一九八〇年代以降、高齢化社会の進展に伴い、我が国の疾病構造は悪性新生物（がん）、心疾患、脳血管疾患、糖尿病などの生活習慣病にシフトし、死因別死亡率でも、これらの生活習慣病が六〇％を占めるようになった。そして、この傾向は今後も続くと考えられている（厚生労働省、二〇〇七）。

要するに、慢性疾患や障害を抱えた患者は病院を退院した後も長期間にわたり、社会の一員として日常生活を送るようになっている。その結果、病院は、患者の生活を考慮した治療方法へと変化することを余儀なくされている。

2　医療に対する患者の意識の変化

米国に続いて日本においても、一九八〇年代の前半から患者の権利を求める動きが強まった。日本医師会総合政策研究機構で実施している医療に関する国民意識調査の結果によると、「治療内容は患者が自ら十分に説明を聞き、納得した上で治療を受けるべきである」という回答が約七割を占め、「医療は高度・専門化しており、医師に任せて医師の指示に従うのがよい」を上回った。この結果から、患者が治療法の選択など医療に積極的に関わろうとする姿がうかがえる（江口・物井、二〇〇三）。

また、価値観の多様化や情報網の普及が影響し、患者と医師の関係も変わりつつある。例えば、慢性疾患では個人の意思で自らの生活を管理しなければならないことから、医師の価値観よりも患者の価値観が優先されるようになっている。そして、誰もが容易に医療に関する情報を入手可能になった現在、患者と医師との間に価値観の衝突が起きることも避けられないことから、医療における意思決定の過程が複雑化せざるを得なくなった。

3　日本における病院の定義と医療関係職種の背景

日本では、医療法により、病院とは「医師又は歯科医師が、公衆又は特定多数人のため医業又は歯科医業を行う場所であって、二十人以上の患者を入院させるための施設を有するもの」で、「傷病者が、科学的でかつ適正な診療を受けることができる便宜を与えることを主たる目的として組織され、かつ、運営される」施設と定義されている（医療法第一条の5）。

戦前における病院や診療所は、「開業医の家」に過ぎず、法律で定められた医療関係職種は、医師、歯科医師、看護婦、薬剤師だけであった。しかし、戦後になって占領軍による医療改革が進められた結果、医学や医療技術の進歩に伴って医療の専門性が深化・複雑になり、さらに、医師の雇用コストと効率性の追求から次々と国家資格が誕生した。その結果、「医師の指示のもとに」医療サービスを分担するという分業の体制が形成された。

三　現在の病院における治療体制の問題点

このように医療の現場では、複数の医療関係職種が存在し、専門的な知識に基づいて患者のケアにあたっている。しかし日本では、医療は医師の指示によって始まり、各々の医療関係職種は「医師の指示の下に」業務を行わなければならないことから「医師を頂点とした階層性」が存在している。では、医療関係職種に階層性が認められる場合には何が起きるであろうか。

Northouseらは、複数の研究者の結果をもとに次のような点を指摘している。第一に、特定の専門職による支配の結果、地位の高い医療関係職種と低い職種のコミュニケーションは妨げられる。第二に、階層的な病院組織では、職員は、自分が所属する集団のメンバーのみとつきあう傾向がある。さらにNorthouseらは、コミュニケーションにおける潜在的な阻害要因として、①役割ストレス、②医療関係職種間の理解不足、③自治権をめぐる争いの三つを挙げ、患者の複雑な問題の解決をはかるために医療者間の効果的な人間関係が必要であるとしている(Northouse & Northouse, 1992)。

また、医療関係職種間の協調と患者への治療の成果を示した研究結果がある。たとえば、Knausらによると、看護師と医師間のコミュニケーションがよい施設では、患者の治療結果も良い。一方、患者の治療成績が低い施設では、患者の治療計画について話し合う手順が確立されていない。その結果を受けて彼らは、医療者間の効果的な人間関係や最適な患者治療のためには、多方面からのアプローチが必要であると指摘している（Knaus, et al., 1986）。

このように従来の病院では、医師を頂点とする階層性が存在することから、医師とその他の職種、特に看護師とのコミュニケーション不足が生じ、その結果、患者の治療効果に支障をきたしている。しかし、病院の目的は、患者に対して科学的で適正な医療を提供することにあり、本来ならば、医療関係職種が各々の現場で得た情報を連結できる体制でなければならない。なぜならば、異なる専門性に裏づけされた情報が他の職種に伝わることで、各職種の中に新たな視点が生み出され、その相互作用の結果として患者の望む医療の提供につながるからである。

そこで、このような医療関係職種間の階層性をなくし、お互いに対等な関係を保ちながら、それぞれの専門性に応じた役割を尊重するような体制の必要性が議論されるようになり、その一つとしてチーム体制が求められるようになった。すでに日本においても、がんやリハビリテーション医療の分野を中心に、チーム医療を「横断的に」病院の組織の中に導入する取り組みが始まっている。たとえば、札幌医科大学付属病院の「緩和ケアチーム」や初台リハビリテーション病院における「チームマネージャー制」などである。これらは、主に医師をリーダーとし、看護師をはじめとする医療関係職種がメンバーになって構成されている。

ところが、新たな医療チームの発足と共に、病棟スタッフとの協調に関して問題点も指摘されている。たとえば、札幌医科大学病院における病棟スタッフ（医師、看護師）を対象としたアンケート調査によると、回答者の一二％が緩和ケアチームに対して不満を持っていたが、その主な理由は、チームと病棟間の連携不足とされている（並木・川股、二〇〇七）。

たしかに、異なる診療科や医療関係職種の情報を集約するためには、「横断的な」チームは必要である。しかし、チーム医療が成功する鍵は、「上下関係が無く自由に意見が述べられる環境」であり、単に病院組織の中に「専門家チーム」をつくることではない。「チーム医療」を「異なる知識と情報をもつ医療関係職種が、その知識と情報に基づいて自由に討論する中で患者にとって最適な医療を提供する行為」と定義するならば、重要なことは、情報を持つ人と人を結ぶ「ネットワーク」(2)と「コミュニケーション」(3)であろう。それでは、このような関係職種が自由に意見を交換できるコミュニケーションを備えたネットワークとは、具体的にどのようなものか。この点について示唆的と思われるのが「実践コミュニティ」の考え方である。

四 「実践コミュニティ」とは(4)

「実践コミュニティ」とは、一九九一年にWengerがLaveと共に発表した概念である。彼らは組織を文化人類学的に観察し、どんな組織にも必ず「人々がともに学ぶための単位」があることを発見した。そして、「あるテーマに関する関心や問題、熱意などを共有し、その分野の知識や技能を、持続的な相互交流を通じて深めていく人々の集団」を実践コミュニティと定義した（Wenger, et al., 2002）。

実践コミュニティを構成する要素は三つある。それは、「領域」、「コミュニティ」および「実践」である。「領域」とは、コミュニティのメンバーによって共有された専門分野を意味し、抽象的な関心の対象ではなく、メンバーが現実に直面する重要な課題や問題から成っている。また、「コミュニティ」は、領域に関心を持つ人々が影響を与え合い、共に学習し、相互交流を通じて帰属意識や互いに対するコミットメントを築いていく自発的な集団を指す。そして、「実践」とは、コミュニティのメンバーの活動を通じて培われた「熟練された知識」であって、「領域」に関する共通の知識をいう。

Wengerらは、メンバーが自ら進んで参加するような活力ある実践コミュニティの鍵として、「コーディネーター」の存在をあげている。彼らによると、実践コミュニティにおけるコーディネーターは、「人と人を結びつける」役割を担っている。このコーディネーターが情報を交換する機会を設けることで、その場を通じてメンバーはお互いの役割を知ることができ、その情報交換の中から尊敬や信頼に基づいた有意義な人間関係を築くことができる。言い換えると、メンバー全員が領域を共有しながら「各人が異なる見解を自由に提供することができるようなコミュニティ」を目指すための場をつくり出すことがコーディネーターの役割である。さらに、コーディネーターにはもう一つ重要な役割があると指摘している。それは、コミュニティにおける様々な人間関係を維持するために、メンバー間に階層性を生み出さないように対等な関係を育むことである。したがって、コーディネーターには、人脈をつくるための対人能力が問われ、領域に対する知識と、同僚からの人望が求められるとされる。では、以上のような実践コミュニティの考え方を病院に当てはめた場合に、どのような「実践コミュニティ」が考えられるであろうか。

五　実践コミュニティの考え方によるチーム医療の検討

病院は、患者に対して治療を行う場所であるから、共有する専門分野は「患者への治療」であり、したがって「領域」とは、「メンバーが患者と接する中で発見した患者に関する諸問題」が当てはまろう。そして、「コミュニティ」は、領域に対して他の知識や技術的協力を得ようという「自発的な熱意をもった医療関係職種の集団」で

図１　患者に医療が提供されるまでの流れ

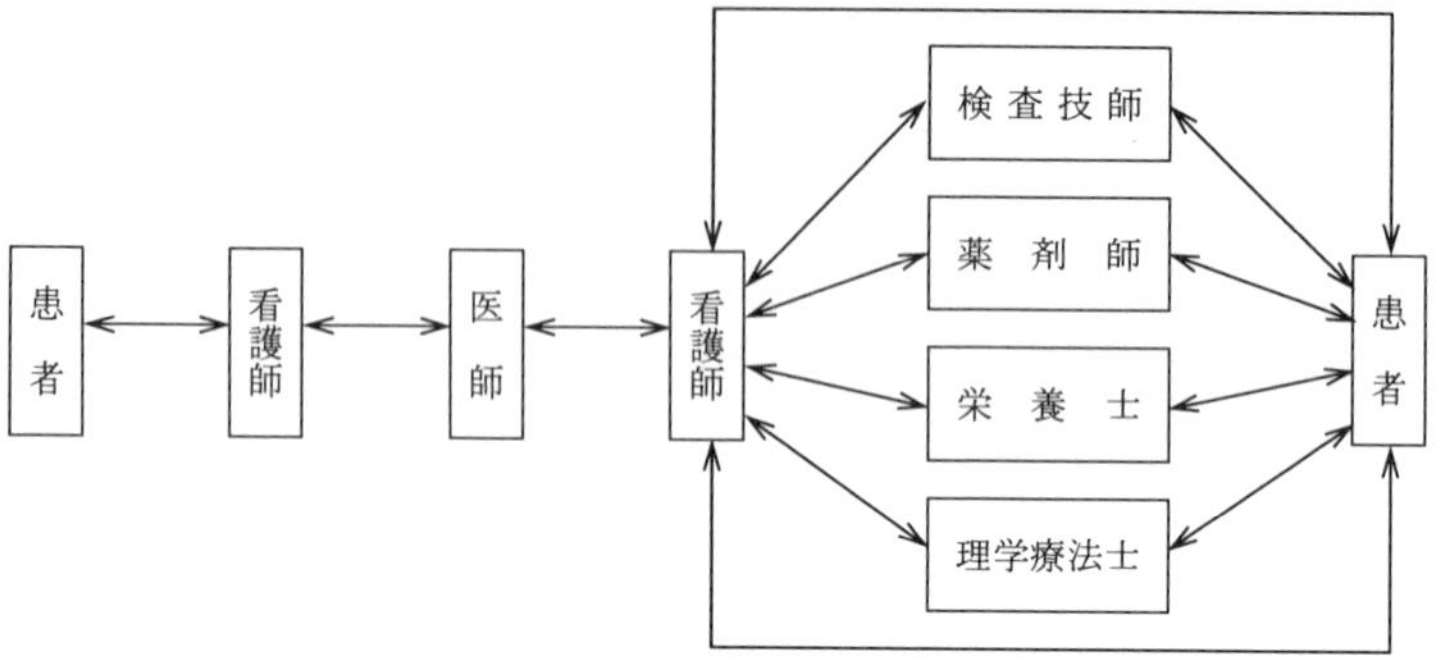

（出所）嶋森好子（2002）をもとに筆者が加筆修正し作成。

ある。さらに、「実践」は、コミュニティにおける情報や意見の交換を通じて確立された患者の治療やケアについての「知識や方針」といえる。

　では、この三要素から成る病院組織の中で「コーディネーター」はどのようなポジションにあるのか。この人材を考察する際に参考になるのが、「ネットワーカー」に関する考え方である。これまでの議論によると、コーディネーターは、与えられた「権限」によってその役割を果たしてはならない。また、支配してはいけない。そうではなくて、ネットワーカーに関する議論が示しているように、各人が自律性を保持できるように「ネットワークを維持すること」、それを役割としているのである。その結果として、人と人を結びつけているのである（田中、二〇〇一）。

　したがって、コーディネーターは、「どこで、だれが、どのような課題や問題に直面しているか」を把握しなければならないことから、ふさわしいのは「常に廊下を歩き回っている人」である。そこで、この点に着目すると、病院の中で「廊下を歩き回っている」のは看護師といえるかもしれない。なぜならば、看護師の業務は、保健師助産師看護師法において「療養上の世話」と「診療の介助」が規定されていることから、外来における医師の診療の補助はもちろんのこと、様々な検査や治療のために患者だけでなく他の職種と接する機会が多いからである。たとえば、入院中の患者に対して行われる医療の流れは、一般的に次のように示される（図1参照）。

この図は、患者に医療が提供される際の情報の流れを示している。図に従って説明すると、最初に、患者と二四時間接している看護師から医師に対して、夜間の患者の状態や面会に訪れた家族の声などを医師に報告するところから一日が始まる。すると、医師は、患者に必要な検査や薬剤、食事の変更などを指示し、看護師に伝える。看護師は、検査科に連絡し患者の検査を予約する。さらに、看護師は患者を検査室に移送し、臨床検査技師に患者を送り届ける。また、薬剤の投与は、看護師を通じて処方箋が薬局にいる薬剤師に届けられ、調剤された薬剤を看護師が受け取って患者に与薬する。そのほか、食事の変更があった場合には栄養科にいる栄養士に相談し、あるいは新たにリハビリテーションが開始される場合には看護師が理学療法士に連絡する方法が一般的と思われる。

このように、看護師は患者の療養上の世話を通じて廊下を行き来し、その結果、他の職種と接する機会を持っている。この点、例えば臨床検査技師や薬剤師、栄養士などは、与えられた業務の中で患者と接することはあっても、他の職種と日常の業務を介して接する機会は殆ど無い。以上により、他の職種に比べて看護師は「廊下を歩き回っている人」であり、情報の結節点に位置していることからコーディネーターに成り得ると考えられる。(5)

Wengerらによると、実践コミュニティは、すでに存在する社会的ネットワークから始まる（Wenger, et al., 2002）。このネットワークの中から、患者の重要な問題に関心をもつ人々をコーディネートした集団を形成することで、病院内に実践コミュニティを作ることが可能であろうし、看護師はその中心になる可能性を持っている。医療関係職種同士を看護師を中心にしてつなぎ、相互に関係する環境を整えるならば、従来の病院組織の中に「チーム医療」を導入できる可能性は高まるように思われる。

六　まとめと今後の課題

本稿では、患者の意見を反映した医療を効果的に提供するためには、様々な医療関係職種が自由に意見を討論する中で患者の治療を行っていく「チーム医療」が重要であるという立場にたち、望ましい「チーム医療」の体制について検討した。その際に、現在の体制の問題点として、医師を中心にした「チーム医療」では医療関係職種間に階層性が生じ、コミュニケーションが効果的に行われていない点を挙げ、これを解決するための一つの見方として、看護師をコーディネーターとする「実践コミュニティ」の可能性を検討した。その結果、病院における看護師の動きに着目すると、看護師は最も患者と接する時間が長いだけでなく、他の医療関係職種と接する機会が多いことから、看護師が様々な情報の中継地点に位置していると考えられた。そこで、看護師が「自発的に」医療関係職種をつなぎ、さらに、自由闊達な討論による相互作用から新たな知識を創造するようなコミュニティの育成を支援するならば、対等な関係の中で、彼らがもつ専門知識や情報などを有効に活用できる「チーム医療」が可能と考えられる。(6)

しかし、今後の課題も多い。例えば、実践コミュニティが「太古の昔から続く知識を核とした社会的枠組であり、どのような組織や産業にも認められる」(Wenger, et al., 2002) ならば、なぜ医療の現場では「実践コミュニティ」のような「知識の共同体」が活かされていないのか、その要因を明らかにしなければ従来の病院組織の中に「実践コミュニティ」を育成することは不可能である。また、コーディネーターに求められる資質も検討しながら、看護師以外のコーディネーターの可能性も再考察する必要があろう。今後は、さらに医療人類学や医療社会学の視点もふまえながら「チーム医療」に関する研鑽を積み、医療現場への還元を図りたい。

注

（1）インターディシプリナリー・チームとは、他の専門職とのコミュニケーションに重点が置かれ、救命処置のような緊急性を要しない課題を解決するために、各専門職がチームの中で果たすべき役割を協働・連携して患者のケアにあたる体制をいう。

（2）このネットワークとは、患者の問題点に対して他人の知恵を借りたい時に借りることのできる仕組みであって、「自発性」を前提としている。

（3）コミュニケーションについては様々な定義がなされているが、ここでは「コミュニケーションとは送り手から受け手への単なる情報伝達ではなく、相互交流的に行われる意味の創造過程」とする。

（4）実践コミュニティ（Communities of Practice）とは、元来は伝統的な徒弟制度の研究から生まれた用語である。LaveとWengerは、ほとんどの学習が職人や上級の徒弟との間の相互交流で行われていることを発見し、このような社会的枠組みを「Communities of Practice（ここでの邦訳は実践共同体）」と名付けた（Lave, et al., 1991）。その後、このコミュニティについての概念は企業におけるナレッジ・マネジメントの分野で注目を集めるようになり、Wengerは、学習する組織を作るという夢を実現させるための組織基盤を提供する方法論として「Communities of Practice（ここでの邦訳は実践コミュニティ）」を位置付けている（Wenger, et al., 2002）。この視点をもとにして本稿では「Communities of Practiceを作ることでチーム医療を実現させる」方法について検討をしている。

（5）情報の結節点にいる人は、得られた情報から患者の問題点を発見し、その問題解決のためには「どこの」「誰に」相談すれば新たな知識を得ることが出来るかを知っている。その結果、いち早く「ちょっと集まって」とメンバーに声をかけやすいと考え、本稿では看護師がコーディネーターに成り得る可能性を述べた。しかし、単なる「情報の伝達役」にならないためにもコーディネーターには、①問題意識をもって情報を分析する能力、②他の職種の専門性について熟知している、③自由闊達な意見交換の場を作り出せる能力などが求められよう。今後は、このような視点からの検討も必要と考える。

（6）ここでいう「チーム医療」では、医師もチーム・メンバーの一員であり、他の医療関係職種と対等な立場に位置している。それは、本稿が論じてきたチームの体制が、複雑な問題が多い高齢者医療や慢性疾患、緩和ケアに適しているとされる「インターディシプリナリー・チーム」を前提にしているためである。その結果、疾患を治す「治療（cure）」だけでなく患者を全人的にとらえて広義に世話をする「ケア（care）」も重要であることから、「医師の指示」に限らずに「チームでの情報交換や討論によって得られた結論」に基づいて、各メンバーは専門技能を活かした役割をこなすことができる。このように本稿が述べる「チーム医療」では、医師は指示系統の上位に在らず、一方、コーディネーターの看護師が医師に代わるものではない。他の職種に対して指示系統を持たない看護師が人をつなぎ、チームをコーディネートするからこそ医師を頂点とした階層性によるコミュニケーションの弊害を阻止できるのである。

主要参考文献

Garner, H. G., "Multidisciplinary versus interdisciplinary teamwork," H. G. Garner, & F. P. Orelove, ed., *Teamwork in Human Ser-*

vices: Models and Applications Across the Life Span, MA, Butterworth-Heineman, 1994, pp. 19-36.

Knaus, W. A., Draper, E. & Zimmerman, J. E., "An Evaluation of Outcome from Intensive Care in Major Medical Centers," *Annuals of Internal Medicine*, Vol. 104, No. 3, 1986, pp. 410-418.

Lave, J. & Wenger, E., *Situated Learning: Legitimate Peripheral Participation*, Cambridge University press, 1991.（佐伯　胖訳『状況に埋め込まれた学習―正統的周辺参加―』産業図書、一九九三年。）

Northouse, P. G. & Northouse, L. L., *Health Communication: Strategies For Health Professionals, 2nd ed.*, Appleton & Lange, 1992.（信友浩一・萩原明人訳『ヘルス・コミュニケーション―これからの医療者の必須技術―』九州大学出版会、一九九八年。）

Preiffer, E., "Why teams?," E. L. Siegler, et al., ed., *Geriatric Interdisciplinary Team Training*, NY, Springer, 1998, pp. 13-20.

Wenger, E., Mcdermott, R. & Snyder, W. M., *Cultivating Communication of Practice*, Boston, Harvard Business School Press, 2002.（野村恭彦監修『コミュニティ・オブ・プラクティス―ナレッジ社会の新たな知識形態の実践―』翔泳社、二〇〇二年。）

猪俣正雄『組織のコミュニケーション論』中央経済社、一九九二年。

江口成美・物井久美子『第一回医療に関する国民意識調査』日本医師会総合政策研究機構報告書第五十号、二〇〇三年。

厚生労働省編『平成十九年版厚生労働白書―医療構造改革の目指すもの―』ぎょうせい、二〇〇七年。

嶋森好子「チームエラー理論からみた医療―事故防止における看護師の役割―」『看護管理』第十二巻第十一号、二〇〇二年、八三〇―八三五頁。

田中政光「ネットワーカー」山倉健嗣・岸田民樹・田中政光『現代経営キーワード』有斐閣、二〇〇一年、第六章、一三七―一三八頁。

並木昭義・川股知之『すぐに役立つ緩和ケアチームの立ち上げと取り組みの実際』真興交易医書出版部、二〇〇七年。

＊本稿執筆にあたり、レフェリーの先生方ならびに指導教官である田中政光教授から多大の御指導と御助言を頂いた。記して感謝を申し上げたい。

九　ＯＤ（組織開発）の歴史的整理と展望

西川耕平

一　はじめに

ある世代には懐かしい理論群の一つに、ＯＤ（組織開発）がある。いつか、どこかでＯＤを学んだのであるが、現在の研究者データベースによればＯＤをキーワードにしている研究者の数は少ないし、まして経営関係の数は少ない。しかしＯＤの重要性を唱えるよりも、ＯＤの歴史を今一度振り返り、ＯＤ研究・応用実践の意味を整理して、冷静に評価を与える作業が、まず先であろう。そこで本論文はＯＤの歴史的発展を理論的・実践的な側面から再検討して、最終的に現在のＯＤを評価する論拠を提示する事を目的とする。

二　ＯＤの歴史的整理：萌芽・成長期

Lewin が二次大戦前・戦間期に各種セミナー・リサーチでつかんだ民主的人間関係のアイデアが、いわゆる一九四六年のワークショップでＴグループの原型となり、その後現在のＮＴＬのワークショップとして引き継がれてゆく流れが、ＯＤの源流のひとつである。他方、戦後アメリカ産業社会では職場民主化運動が盛んになり、モルモットを使った心理学の成果を職場に応用するのではなく、職場における人を通じた民主的組織実現の各種実験が行われて、それが労使関係論や産業心理学として発展する流れもＯＤの源流のひとつである。つまり民主的な方法で組織資源を流動化する事で個人の成長が促されて職場が活性化し、さらには組織の繁栄をもたらすという発想であり、民主的思想を背景にした六〇年代の Maslow, Hertzberg, McGregor の動機付け理論に連なる流れである。

ところでＮＴＬによれば五七年の総会以降、ＮＴＬの研究者達がＯＤ研究に深く関わるようになったと記述するように、いわゆる"Lewinian"のＮＴＬのＴグループの流れと、産業心理学を背景にした産業組織の民主化運動の流れがまとまるのが五七・八年頃である。また同時期に、多様に表現されていた活動領域の用語が、最終的に McGregor の General Mills でのセミナーで、ダイナミックなシステム全体の変化の意味を込めて作られた Organization Development として定着する点でも、五七・八年頃がＯＤの出発点と位置づけるのが妥当であろう。つまりＴグループやグループダイナミクスのように、個人・リーダーシップ・集団を社会心理学的に理解する理論・実践志向と、具体的なビジネス組織における人やグループの動機付けやコミュニケーションを通じて変革介入する志向とが、ひとつのＯＤになるまでが萌芽期であると言えよう。

六〇・七〇年代にかけて、ＯＤは成長期を迎える。マネジャースタイルを権威主義から民主的に変えて個人の自立を促す事で組織の業績向上を願う当時の経営者に求められて、Ｔグループ手法でマネジャーの対人関係スタイルを「再教育」で変える、当時のＯＤスタンスが流行となる。これはビジネス組織対象のアカデミクスに限らず、ＮＴＬのプラクティショナーのようにオフサイトでの個人対象セミナーにしても同じであった。当時のＯＤにとって都合が良かったのは、ＯＤの実践応用がもたらす成果は状況次第であり、また実践応用手法の有効性を厳密にリサーチされることもなかったが、多くの場合厳密な論理を応用しなくとも、ＯＤの価値観を訴えるだけで成果を出せる状況であったため、マネジメント技法として定着した点である。言い換えれば民主的な組織の実現という、第二次大戦を通じてアメリカが自覚した理念を掲げるだけで、組織が団結し個人も変革を受け入れていったという状況限定的な有効性であった。その後 Addison-Wesley のアカデミクス・プラクティショナーによるＯＤシリーズやＯＤを掲げるビジネス書も多数出版され、OD Network が六四年に産業心理学を背景に持つコンサルタントを中心に組織されて社会的地位を高める。

この時期のＯＤ理論・実践応用領域の特徴を検討してみよう。第一世代のアカデミクス達は、具体的な集団や企業組織で各種セミナーを開き、プラクティショナーとして個人や集団に民主的な論理を身につけて自立させる様々な実験をしたのが、この時期の理論的発展であり実践的な発展であった。Burke（2008）によれば、これはＮＴＬのセミナー中心に実験と理論化を繰り返す"Lewinian"だけでなく、職場集団に対してオフサイトで自己認識能力開発を目的にしたセミナーでクライアント組織に介入していた、McGregor, Mouton 達も同じであったと指摘する。[1]

次にＯＤの理論と実践応用であるが、McAdre, Reason（2008）によれば、具体的な理論は Lewin のシステム理論や場の理論であり実践応用はアクションリサーチであると言う。つまり理論・実践応用面でも Lewin の指摘する具体的アクションと結果のリサーチに基づく理論形成の循環が、人や集団・組織の理解を深めて、最終的には Lewin が目指していた民主的組織に変革して高い成果を獲得する事ができるという論理である。また McAdre, Reason（2008）によれば、アクションリサーチは、ＯＤの人間中心という価値観に強く結びつく心理療法的な考えとグループダイナミクスと民主主義による社会変革とが結びついて、ビジネス組織中心のＯＤ技法として展開されたと指摘する。[2]

すなわち萌芽・成長期のＯＤの理論・実践応用の特徴は、戦時体制から冷戦に向かう時期の思想的な影響を強く受けた内容であり、そのため人間性と民主主義という価値観を理論体系の中核に位置づけた点にあると言えよう。実証主義的な理論構築からすれば、あえて価値観を前提とした理論構築は、論理的な現象理解を歪曲する点で受け入れ難いかも知れないが、本論文の後半で述べるように現在も多くのＯＤアカデミクスやプラクティショナーは、価値観を前提とする事をＯＤの方法論として受け入れるどころか、むしろこの事を新たなＯＤ理論体系の基礎としている。

三　ＯＤの歴史的整理：混迷期

六〇・七〇年代にかけては、ＯＤ理論と実践応用面で、論理的な一貫性を獲得してゆく過程でもあった。例えば「計画的で、組織全体を対象にした、トップによる組織有効性と健全さ向上のための管理された努力であり、行動科学の知識を用いて組織プロセスに計画的に介入することを通じて実現される」という現在最も定着しているＯＤ定義は、Beckhard（1969）によって確立された。しかし、七〇年代以降二〇〇〇年頃まで、ＯＤがビジネス環境の変化に対応できずに続いた混迷期は、まさに萌芽・成長期の強みが弱みに転化した時期であった。つまり六〇・七〇年代にかけてアメリカの組織は、戦後好景気を享受しただけでなく海外進出展開により膨張を続けてきたが、その急成長のひずみがドルショックや石油ショックに直面して明白になったからである。

こうしたビジネス・社会環境の変化に対して、あくまでＯＤは、人間性の重視というＯＤ価値観の実現を譲らず具体的な個人的・組織的経済成果を優先しなかったために、ＯＤは業績向上に結びつかないという批判を浴びた。他方、Galbraith（2008）によれば、ＯＤに起源を持つ組織デザインは、海外展開戦略のために海外進出組織の職能別と地域別部門組織のデザインを研究と実践応用のテーマに取り込む事で、この時期にＯＤから離れ始めたという。また McKinzey が採用人事を実務コンサルタントからＭＢＡ卒業生に切り替えて、戦略中心の組織変革コンサルティングを始めていたとも指摘する。(3) つまり戦略や組織構造を機敏に変更する〝ハード〟な解決策を求めるビジネスニーズに適応した研究・理論とコンサルティングは発展したが、組織の〝ソフト〟な価値観を重視するＯＤはしだいに理論・実践応用で取り残されて、短期的で部分的な〝市場原理主義〟の問題が、冷戦崩壊以降のグローバル化によって表面化するまで、戦略的組織変革理論の陰にＯＤが隠れた時期であった。

こうした状況でＯＤは適応領域を模索しつつ限定された領域で生き延びてきた。すなわち八〇年代を通じて日本的経営の影響からＴＱＭやＱＣが導入された結果、企業のＨＲ部門の下部門、いわゆる HRD (Human Resource Development) としてＯＤは生き残る努力をしてきた。もちろん組織全体の変革というＯＤ定義とは矛盾するが、そもそも個人的な自己認識能力や民主的な集団変革を起源とするＯＤにとっては比較的なじみが良いため、既存人員の能力開発やそれに伴う組織変更をチームレベルで、しかも既定戦略の範囲内で民主的に実践する論理・実践応用体系として変質した時期でもあった。この流れは未だに続いており、多くのＨＲテキストにはＯＤが記述されており、またＡＳＴＤや各種ＨＲ研究教育機関も発行雑誌にＯＤ論文を掲載しているため、これら領域とＯＤとの違いの曖昧さは残り続けている。

さて混迷期の理論的側面と実践・応用的側面は、どのように指摘できるのであろうか。まずＯＤ理論、実践応用領域に関しては、大学を中心としたアカデミクスとクライアント組織に介入を実践するプラクティショナーが分離した時期である。つまり実証主義に沿った行動科学の研究蓄積を基礎に学生に講義するというアカデミクスと、クライアント組織ニーズに応じて介入しながら、新たな技法を開発するという実践応用を軸にしたプラクティショナーとが、方法論的な違いから知的交流ができないほどに分離した時期である。注目すべき点は、経済成果向上を目標にした戦略的マネジメントの台頭に対応して、ＯＤ科目はＭＢＡの科目から心理学や教育学の大学院の科目へと移っていた事である。つまりビジネスにおけるＯＤの影響力が失われると、結局はＯＤ萌芽期の流れであった“Lewinian”の自己認識能力開発を通じて個人・集団変革というテーマが学習というテーマと深く関わる教育学や心理学へＯＤが回帰した事を意味する。またOD Networkのようなプラクティショナー中心の研究機関が独自に研究雑誌を発行して、実践応用中心の研究を進めた事が、細かな技法開発に研究を偏らせた点も注目すべきである。つまりアカデミクスは、The Journal of Applied Behavioral Scienceを中心に組織変革プロセス理論研究に集中し、またプラクティショナーはOD PractitionersやOD Journalを中心に実践技法開発と応用に集中したにも関わらず、相互の研究テーマや方法論の違いから知的交流が少なくなったため、アカデミクスによる研究とプラクティショナーによる実践応用の相互循環というＯＤの特色が失われて「ＯＤは死んだ」と言われた時期であった。

後述するように八〇年代中頃は、混迷期の問題を乗り越える論理として新ＯＤが登場する時期でもある。そこで混迷期の理論的・実践応用的な問題点を、戦略的組織変革との対比から検討してみよう。周知のように戦略的組織変革は、環境と組織資源分析から戦略機会と目標を設定し、トップ主導で組織システムを変更して実行するという論理である。他方ＯＤは個人の成長と組織の健全さの向上を目標にして、アクションリサーチによる介入実践を通じて、個人と組織の変革を達成するという論理だが、Greiner（2005）によれば、個人中心の技法、タスク管理より人間関係・ＨＲ志向、分析より実践志向という点でＯＤには限界があるという。つまり人の成長（Development）が組織・社会の発展をもたらすという、人間中心の価値観を表面的に信頼する点で問題という指摘である。言い換えれば、Argyris（2004）が指摘するように価値観の良し悪しよりも、コンサルタントとクライアントが自分の内面をさらけ出して互いの価値観を検証するという徹底した人間中心の価値観の運用がなければ、ダブルループ学習は起こらないからである。

またＯＤがパワー問題を回避しているというGreiner の指摘も、ＯＤの成長期は企業トップがＯＤ価値に肯定的だったため、トップ主導の組織全体の変革手法として応用されただけであり、ＯＤの論理には戦略的な組織変革論理はなかった事を浮き彫りにしている。したがって八〇・九〇年代の第二世代ＯＤ研究者達はNadler, Tashman達の“Organizational Congruence Model”のように組織変化に戦略的な視点を取り込んだり、Bennis Nanus達の“Leaders”のようにＣＥＯの現実認識と将来ビジョン作成能力を枠組みに取り込んで、いわばリーダーグループに対するＯＤという試みなど、他にも多数生みだされた。しかしＯＤのプラクティショナーにとっては、アカデミクスの変革モデルは現実のクライアントニーズとのギャップが大きすぎ、結局ＨＲＤとして、いわば「パパママ」ＯＤとして生き残る事になる。つまり理想を掲げて登場したＯＤが、ビジネス環境変化に適応を模索した結果、むしろ本来のＯＤとはかけ離れた存在になったのが混迷期であると言えよう。

四　ＯＤの歴史的整理：再成長期

ＯＤが存在理由を巡り混迷している頃に、AI（Appreciative Inquiry）として理論面でも実践応用面でもＯＤ論理体系の中心に位置づけられる新しいＯＤの流れが出現した。ＡＩの発展経緯は、八〇年代初頭にCooperriderがCase Western Reserve University のPhD コース学生の時にSrivestva とオハイオ州のクリーブランドクリニックの組織変革プロジェクトを始めた時に遡る。さまざまな組織変革に研究者と変革エージェントとして参加しながら、再発防止のための失敗探しと問題解決中心の組織開発では本質的な変革ができず、ベストな組織を実現する変革方法が本質的な組織変革を実現できた事例から、八七年に“Appreciative Inquiry into Organizational Life”を論文発表した。また応用先を北米だけでなくヨーロッパのビジネス組織から、赤十字や宗教会議（United Religions Initiative）などの非営利組織に広げ、論理体系性と変革応用技法を蓄積しつつ、組織変革の理論と実践技法の発展的循環を促しながら普及させるために、ＡＩエージェントの認定資格をCase Western Reserve Universityが設定して世界中で展開している。新しい介入方法としてプラクティショナーが様々に応用した過程で様々なバリエーションが生まれ、主要な介入方法だけで八種類あるが、AI Summitが適用される事が多い。

次にＡＩの論理を検討してみよう。ＡＩ論者達は、伝統的な組織変革が欠陥原因解消型変革であり、この方法との違いからＡＩの特徴を説明する事が多い。すなわち伝統的な組織変革は変革を迫られる事情・理由があり、さまざまな側面で業績低迷したと言う現実を厳格に認識させた上で根本原因を探索して、問題解決方法を作り上げる方法と指摘する。問題抽出と解決策作成と実行という論理的な方法だが、組織メンバーは原因に関わったという状況に追い込まれるのを避ける防衛的な論理を駆使して問題を探索するため、抽出される問題は限定的になり、また解決策は部分的にとどまる事が多い。したがって仮に外部コンサルタントが問題を客観的に認識、適切に診断と再発防止をしたとしても、状況の変化に応じて類似の問題が再発しないという保証はない。

これに対しＡＩは、組織がベストな状態で機能していた過去から今までの身近な例を組織メンバー全員に問い、それに関する物語を語らせて、過去のベストと現在との比較からベストの意味を模索する過程で本質的な課題を自ら再発見させて、ベストな瞬間を再現させるための変革方法論を提案する方法を取る。ただし過去のベストに回帰するのではなく、Appreciateというより良いものを目指してメンバーが互いに平等・公平に変革について対話する価値観を基礎にして、将来の夢に向けた徹底的な可能性の探求から、組織メンバーが新しい変革の方向性を見いだしてゆくという過程をプラクティショナーが誘導して、最終的には組織が自律的に変化できる状態にまで導く事である。つまりＡＩとは、より高い目標を目指す組織として、また既存組織に自由闊達な新しい命が吹き込まれて活き活きしている状態であり、それを利害の多寡にかかわらず、あらゆる関係者の多様な視点から、組織メンバーやプラクティショナーが徹底的な探求を模索するという意味を表現するための造語である。基本的にはアクションリサーチの探求が出発点になっているが、できる限り人の可能性を開放するという意味でのAppreciativeが加わる事で、Argyrisの言い逃れ（defensive reasoning）のように自己をさらけ出す事を隠しがちな人が、おおらかに表明できる場を保証する事で本質的な問題を浮き彫りにするという論理である。

次にＡＩの論理を支える諸概念について言及しよう。心理学の点から捉えるとＡＩはポジティブ心理学との関連で理解される。つまり心理的疾患の対症療法から善・美・徳追求へ転換したSeligmanの学習可能なポジティブという主張がＡＩの論理を支える基礎概念である。Seligmanによればアメリカ心理学は、一貫して心理的コンテクストに対する防御反応として心理的疾患を生むという病理心理学を追究してきた。しかし心理学が人の自発性を求めるならば、アリストテレス以来続く有徳・至高という、ポジティブを求める人の本源的な特性を認めるべきであるとSeligman達は主張する。つまり人は“good life”を求めて、過去から将来までを継続的な自己の真正な成長で結びつけ、自分を超えた存在に対する敬意と挑戦を求めて止まない幸福追求が人の心理的原動力であるという主張である。学習に関してもFrankl, Rogers, Maslowと続く、Humanistic Psychology（Learning）の関わりで理解される。つまり正しい（誤り）答えを探す質問（学習）ではなく、人としての成長を求めて知りたいから問いかけるという探求行動としての介入であり、変化の原動力であるという学習論理をＡＩは基礎としているからである。つまり自分の満足と他者の満足を高める市民としての有徳実践に関心のある社会的倫理的な存在として働きかけることが、人をそのような存在に向けるという前提である。

さらに組織論との関わりから捉えると、ＡＩはPositive Organization Scholarshipの構成論理でもある。すなわちCameron達は、ＡＩを含めたポジティブ理論群を、組織レベルのポジティブな突出として次のように説明する。(4) これまでのマネジメントの発想は、ネガティブに振れたために生じた問題の解決を求める学習であり、仮に完全な解決をしても問題が消えて中立の位置、つまり出発点に戻っただけであり進歩したわけではない。これに対してポジティブな突出は超越した理想を求める果てしない学習であり、そのまま成長や発展を意味する行動である。Cameron 達の病気だから医者に行って直すネガティブに対して、理想の健康を求める自発的行動がポジティブという比喩が良いかも知れない。

また Cameron 達は、組織的なポジティブ突出を促す向日性機能を説明する。すなわち個人に対しては、プラシボ効果やピグマリオン効果や認識枠組みを緩め・広める機能や、ポジティブへの露出がポジティブ行動を引き起こすポジティブエネルギー効果の存在である。組織に対しても、大幅な人員削減・解雇をした組織・業界事例を基にして、リーダーとメンバーにポジティブを追求する価値観が共有されていた場合、危機状況から劇的に回生する危機の緩衝効果を発揮するだけでなく、ポジティブがメンバー間に広まってゆく感染効果、追加投資が無くともコミュニケーション能力を高める社会的資本効果や、本能的な利他的効果や復元効果がある事を、多様な実証研究から示している。またどうにもならない危機的状況でこそポジティブが求められ、またそれがある場合には人や組織は将来に向けて投資するという Kanter (2003) の組織的な“confidence”や、組織における人の学習可能な行動として復元が重要であるという Luthans (2007) の Positive Organizational Behavior とも重なる主張である。

さらに社会学との関わりで捉えると、ＡＩは社会的構成理論を基礎概念として生成的な対話による変化理論であると理解できる。すなわち Berger, Luckman の社会的構成理論を出発点として、個人レベルの発話者と聞き手との相互敬意に基づく対話が言語生成をもたらし、社会的コンテクストに新しい意味を生み、対人関係が変化するという Gergen (1994) の理論研究を基礎にしているからである。すなわち、対話者間の肯定的な行動、対立でなく生産的な視点を提供する対話、内容に一貫性を持たせる対話、そして過去の物語と現在とを結びつける対話が、生成的な対話として組織化の機能を果たすというＡＩの論理である。そこでは効率的なコミュニケーションよりも、多くの意味を生み出す物語を引き出す対話能力が変革に必要という論理である。

すなわちＯＤの再成長期とは、新しいＡＩという介入方法の登場と組織への応用可能性を確かめる時期に、心理学、社会学、組織行動、組織論におけるポジティブアプローチと学習理論における新しいアクションリサーチとが、相前後して出現する事によって、実践応用事例の集積だったＡＩに理論的裏付けが与えられ始めた時期であると言えよう。(5)

五　結びと展望

これまでのＯＤの歴史的整理から、現在のＯＤ主要理論としてのＡＩに、どのような評価を与えるべきかを仮説的に提示して、本論を締めくくる。まずＯＤの理論的な変遷からＡＩを捉えると、ＡＩは、ＯＤの変革介入の重要性を改めて示唆していると言えよう。例えばBennisが指摘する二つの変革介入理論によれば、ひとつは組織変革のアカデミクスが追求してきた介入の前提とする変革モデルであり、他方はＯＤが初期から追求してきた変革介入モデルである。ＯＤにとって理論的に実践応用的にも重要なのは、なぜ、どのように起こるのかという変革モデル追求ではなく、変革を実行する時に生じる様々な心理的、組織的な反応をどのように理解して、具体的な変革を実行して行くかという点である。この点に関してAustin, Bartunek, Seo (2007) によればＯＤの歴史に沿って八種類の変革介入モデルと、四種類（参加的・自省的・アクションリサーチ・意味生成）の変革実行モデルをカバーしているのがＡＩであるとの指摘は、変革実行局面を基軸にした理論研究と実践応用とがＡＩによって相互循環発展する可能性を示唆していると思われる。

次にODの実践応用的な変遷からAIを捉えると、変革のまっただ中で厳密な方法論に固執してさらに悪化するよりは、ポジティブというバイアスを意図的にかける変革介入の有効性を示唆していると言えよう。もちろんポジティブの意味は、Humanistic Psychology（learning）が指摘するように、果てしない理想実現に向けた努力を楽しむ意味であり簡単な事ではないが、それでもAIはポジティブなバイアスをかける事で、人や組織の持つ可能性を引き出す事に成功しているという結果を根拠に、価値中立的な研究と、実証主義的な方法論に挑んでいるだけでなく、変革成果の事実を基にしてアカデミクスとプラクティショナーの異なる知識体系を結びつける可能性を示唆しているように思われる。Cameron 達の主張するように、ポジティブバイアスを意図的にかける事が、これまでの理論研究で見逃してきた何かを明らかにできるだろうという主張は、最新の脳研究や生理学研究の発達を基礎に、組織変革におけるより深いポジティブの意味探索の可能性を期待させているように思われる。

注

（1） Burke, W. W., “A Contemporary View of Organization Development,” T. Cummings, (ed.), *Handbook of Organization Development,* Sage Publishing Inc., 2008, pp. 13-38.

（2） McArdle, L. K., and P. Reason, “Action Research and Organization Development,” T. Cummings (ed.), *Handbook of Organization Development,* Sage Publishing Inc., 2008, pp. 123-136.

（3） Galbraith, J. R., “Organization Design,” T. Cummings, (ed.), *Handbook of Organization Development,* Sage Publishing Inc., 2008, pp. 325-352.

（4） Cameron, K. S., “Organizational Virtuousness and Performance,” K. S. Cameron, J. E. Dutton, and R. E. Quinn, (eds.), *Positive Organizational Scholarship,* Berrett-Koehler Publishers Inc., 2003, pp. 48-65.

（5） ODが想定する原因追求的なアクションリサーチとは別に、九〇年代に社会実践学習と理解する新しいアクションリサーチが出現しており、現在は二〇〇三年以降に提示されたフレームワークで両者は統合されつつあるので、その意味を反映した記述とした。詳しくはP. Reason, H. Bradbury, (eds.), *The SAGE Handbook of Action Research,* Sage Publishing, 2008. 参照。

参考文献

Argyris, C., *Reasons and Rationalizations The Limits to Organizational Knowledge,* Oxford University Press, 2004.

Austin, J. R., and J. M. Bartuneck, "Theories and Practices of Organizational Development," 2003, J. V. Gallos (ed.), *Organization Development,* Jossey-Bass, 2006, pp. 89-128.

Gergen, K. J., *Realties and Relationships,* Harvard University Press, 1994.

Greiner, L. T., and G. Cummings, "OD: Wanted More Alive Than Dead!" D. Bradford, & W. W. Burke, (eds.), *Reinventing Organization Development,* pp. 87-112, 2005.

Kanther, R. M., *Confidence How winning Streaks & Losing Streaks Begin & End,* Crown Business, 2004.

Luthans, F., *Organizational Behavior,* (11th ed.), McGraw-Hill, 2007.

Seligman, M. E. P., *Learned Optimism How to Change Your Mind and Your Life,* Vintage Books, 2006.

Whiteny, D. & A. Trosten-Bloom, *The Power of Appreciative Inquiry A Practical Guide to Positive Change,* Berrett-Koehler Publishing, Inc., 2003.

十　片岡説と構造的支配－権力パラダイムとの接点

坂本雅則

一　はじめに

本稿[1]では、日本独自の経営学説である批判的経営学が、現在、どのような展開をみせているか、を片岡信之が提起している学説（「企業の生産諸関係説」「会社自体説」）と筆者が提起している構造的支配－権力パラダイム[2]との比較を通じて、議論する。

まず、批判的経営学がどういう学説上の歴史的経緯で、どういう理論的課題を背景に登場したのかを紹介し、片岡「生産諸関係」説がどういう内容の方法論上の議論を展開したのか、を確認する。

次に、「企業の生産諸関係」を方法論上の基礎に、具体的な対象領域としての「所有と支配」論に適用された片岡「会社自体」説が、既存パラダイム[3]よりどのような点で説明上の優位性を持つのか、を吟味する。

そして最後に、「構造的支配－権力パラダイム」を概観し、片岡説との接点を吟味する。構造的支配－権力パラダイムは片岡説の方法論を「継承」しつつも、批判的実在論（Critical Realism）を採用することを通じて、さらに「発展」させており、そのことが「所有と支配」論における説明力という点で、片岡説よりも優位性を生み出していることを提示したい。

二　片岡説の方法論的特質

ここでは、片岡「生産諸関係」説の方法論的特質を簡単に確認しておく。

批判的経営学には中西寅雄を起源とする「個別資本学説」とそれを批判して登場する「上部構造学説」とがある。個別資本学説は、「社会総資本と個別資本」を「全体と部分」として解釈するために、「部分」に独自性はなく、「部分」は「全体」を説明するための予備的考察領域と考え、近代経営学でいう「経営技術」を取り込めない論理構造となっていた。逆に、上部構造学説は、経営現象を、経済学とは違う上部構造という「独自の規定性」を持つと考えた。


両学説の論争は、「個別資本規定＝企業に関する原理的規定性」で旋回し、個別資本を、前者は「意識性」や「使用価値的側面」や「独占」といった概念で、後者は個別資本の存在自体を認めないで直接的に「上部構造」概念で、理論化しようとした点が異なっている。しかし、いずれも「生産関係」概念を狭く、社会総資本レベルにのみ認めるにとどまっている点では共通していた。


このような批判的経営学の方法論的隘路を、片岡は「企業の生産諸関係」概念で切り開く。

まず、片岡は、天体史的自然（地球史）↓有機的自然（生物史）↓社会的自然（社会史）という自然史的過程において「社会」を捉え、各「自然」は質的に異なる「特殊法則性」という相対的に独自な運動諸形態を持つと考える（「相対的独立性」）。

次に、このような「総体と個別」関係を「社会と企業」関係にも適用し、商品関係だけでなく（社会的分業）、企業レベルの「活動の交換」（企業内分業）も、「生産関係」概念で把握する。

すなわち、片岡「生産諸関係」説は、「生産関係」概念の（存在論的）対象領域を、社会経済レベルだけでなく企業レベルにも適用することで、社会経済レベルの「資本運動」が企業レベルでは「個別資本運動」として作動することを認めるのである。これは上部構造学説の限界点を乗り越えることになる。また、企業レベルにおける組織・管理・「意識性」「使用価値的側面」といった現象は「企業の生産諸関係」の一契機として把握される。これは（既存）個別資本学説の限界点を乗り越えることになる。

三　片岡説の具体的展開

方法論における到達点というのはその具体的展開を吟味することを通じて検証されなければならない。片岡の場合、その方法論を「所有と支配」論という個別領域で展開し、片岡「会社自体」説として定式化している。

「所有と支配」論には「法パラダイム」と「組織パラダイム」と呼びうる二つの類型がある。(4) 法パラダイムとは、「支配」というコトバに対応する問題状況を「法律的所有権」で説明する方式で、具体的には「取締役（会）を選出する権力（以下、選出権力と表現）」を意味する。他方、組織パラダイムとは、「支配」というコトバに対応する問題状況を「組織における戦略的地位の占有」で説明する方式で、具体的には「戦略的地位を通じて実際に意思決定する権力（以下、占有権力と表現）」を意味する。

1　資本運動と所有行為の分化・二重化

片岡「会社自体」説は「所有と支配」論でも、（方法論における）「相対的独立性」の観点が活用され、「総体」社会が「個別」社会に分化していくレベルにおける「所有と支配」から議論を始めている。

すなわち、「所有」とは「特定の社会形態のもとでそれを媒介として自然を獲得することであり、そのことによって、人が物に対して自己の物として関係行為をもつこと」（「所有行為」）だとする。また、「支配」とは「人間が外界の自然に対してもつ占有・使用・処分といった包括的支配（意思的支配）」とされ、「所有行為」は「占有」「意思決定」「管理」概念を媒介概念として具体化される。

以上のことを前提に、資本制社会という「個別」社会を考えた場合、労働力までが商品化されていることで、所有行為が資本運動として現実化するとされる。

では、社会経済（総資本）レベルではない企業レベルにおける「所有と支配」はどう理論展開されるのだろうか。

まず、「企業の生産諸関係」によって具体化される「個別資本運動」は、「株式会社制度」の導入によって、擬制個別資本運動と現実個別資本運動とに分化・二重化するとされ、それに連動して「所有行為」も「法律的所有行為」と「管理的所有行為」と二重化する。

「法律的所有行為」とは端的には「株式保有者の行為」のことであり、法制度上、「株主総会」が最高意思決定機関とされるが、「実際にやっている行為」としては、⑴使用・収益・処分といった物に対する全面的物権とはかけ離れていること、⑵分割された社員権である株式（の一部）を保有しているに過ぎないこと、⑶株式の取引というのは現実資本（会社財産）の売買ではなく、あくまで「収益請求権」の売買でしかないこと、を指摘している。

他方、「管理的所有行為」というのは、個人企業・人的会社段階であれば資本家ないし企業家が担っている属人的「所有行為」であるが、株式会社企業の場合、時間的にも空間的にも「組織化」され、⑴企業家利潤から企業利潤・総資本利益率重視傾向、⑵内部金融の定着と巨額化傾向、⑶創業者利得が株式プレミアムとして内部化される傾向、⑷株主の軽視・外部利害集団化傾向、⑸法律的レベルの機関構造（株主総会、取締役会など）と企業自体の経済的レベルの構造（現実資本運動の構造化された協働体系）との分離傾向、⑹経営管理層の量的増大と自律的支配力の強化傾向、⑺所有権の多元化傾向、⑻意思決定の組織化傾向、などを呈する。これら一連の管理的所有行為の主体を「会社自体」と表現して、その自律化傾向を指摘している。

2　片岡「会社自体」説の説明力

片岡「生産諸関係」説にしたがえば、企業における「活動の交換」も生産関係を通じて把握できる。これは「個別資本運動」の展開における「企業における組織・管理現象」を「管理的所有行為」として理論化させ、金融市場からの資金調達に伴う「活動の交換」を「法律的所有行為」として理論化できることを意味する。

すなわち、法パラダイムの中核的論点（選出権力）は、「所有行為」の法律的側面だけを理論化した議論であり、片岡「会社自体」説でいう「法律的所有行為」として把握される。他方、組織パラダイムが課題とする「占有権力」は、「管理的所有行為」として把握される。

こうして、個別資本運動を「社会法則」として捉えている片岡「会社自体」説では、「管理的所有」の方に優位性を置きつつ、「法律的所有行為」と「管理的所有行為」が、個別資本運動に制約される状態で絡み合うと考えるわけである。この点こそが既存パラダイムとの決定的な差である。

既存パラダイムの場合、「社会構造」的要因が排除され、すべては人間主体の行動レベルに還元される。このような主意主義に依拠する既存パラダイムは、その社会認識上の前提（パラダイム）ゆえに、人間主体による権力間の比重（「比重」問題）を描くことは方法論的に不可能である。

これに対して、片岡「会社自体」説の場合、その方法論的優位性によって、資本制社会システムの構造的規定性としての「個別資本運動」が、人間主体の「所有行為」に対して「物象的に」強制される、と理論化する。この方法論的優位性こそが、二つのパラダイムを統一的に説明できる可能性を生み出している。すなわち、理論が持つ説明力という観点からいうと、片岡説は、法パラダイムの有効点を「法律的所有行為」、組織パラダイムの有効点を「管理的所有行為」として、個別資本運動という統一的視角から包摂しているのである。

しかし、問題点がある。「市場における生産関係」が「金融市場」に限定されている点である。この限定は、金融市場以外の市場状況を通じて当該企業が受ける因果的作用（権力行使）を捨象してしまう。これでは、ある一定時点における当該企業の戦略的要因は把握できるが、金融市場以外の市場状況によって戦略的要因が時間的に推移することを理論化できない。既存パラダイムを静態的にしか統一できないのである。

四　構造的支配－権力パラダイムの優位性

片岡説の到達点を基本的に継承しつつ、さらに発展させているのが「構造的支配－権力パラダイム」である。まず、このパラダイムの方法論的特質を概説し、それを基礎に、このパラダイムにおける「構造と主体」の独特の絡み合い方を概説する。そして最後に、片岡説でも十分には解決できなかった課題をどのように乗り越えるのかを指摘することにする。

1　方法論的特質

「構造的支配」概念における「構造」概念は特殊な意味で使われている。それを理解するには構造的支配－権力パラダイムの方法論的立場であるCritical Realism（以下、ＣＲと表現）を振り返っておかなければならない。

(1)　三層領域論

CRは一九七〇年代のイギリスで、従来の科学的説明様式であるEmpirical Realism（以下、ERと表現）を批判する形で出てくる。

ERは社会的存在が「事象的領域（actual domain）」[5]と「経験的領域（empirical domain）」[6]という二層領域で構成されるという存在論的前提を持つ。そして、この前提を基礎に社会理論を類型化すると、「構造還元モデル」[7]と「主体還元モデル」[8]が構築でき、「所有と支配」論における既存パラダイムは主体還元モデルとなる。

ERに対して、CRは社会的存在が三層領域で構成されると考える。存在論的に事象的領域より「深い層」を「実在的領域（real domain）」として設定する。そして、「事象的領域」で起きる出来事を、背後で「支配／促進（govern）」している「構造」「力」「メカニズム」「傾向」が働いている「実在的領域」が残り二つの領域の「必要条件」を形成しているとする。

したがって、事象的領域で発現する個別「事象」というのは、（ある特定の「力」を持った「関係」を内在化させている）「構造」が、ある特定の諸条件によって、ある特定の「メカニズム」で一定の「傾向性」をもって表出した「作用する力」が、重なり合い、合成した結果であると考えるのである。

(2)　「社会構造」と「人間主体」の作用のあり方

CRの第一の特徴として、「時間的側面」が組み込まれている。すなわち、「ある特定の時間的条件下で、過去の人間によってなされた諸活動の産物という意味において、あらかじめ時間的に先行して形成されている社会構造に、人間は直面する」と考える。

第二の特徴として、社会構造は人間主体に「完全依存」している。この特徴は社会構造の「実在性のあり方」に特殊な性質を与える。すなわち、社会構造は主体的実体を持たないために、「直接的に（perceptual criterion）」それ自体で実在性を表出させられない。社会構造が持つ「因果的作用の効果／結果」が「人間主体」を通じて表出するのを感知することによってのみ（causal criterion）、その「実在性」は証明される。

第二の特徴は第三の特徴である「人間主体の選択する力の担保」と関連する。すなわち、人間主体は、十分条件として、事象の具体的形態を規定する力を保持するのである。

まとめると、人間主体は行動する上での「必要条件」として、先行する社会構造を利用せざるを得ない。社会構造は、人間主体の「潜在的な力」が発現するための必要条件を提供している（ＩＮＵＳ条件）[9]。しかし同時に、人間主体の具体的な活動を通じてのみ、社会構造は「再生産・変形・修正」される。自らの「潜在的な力」を人間主体の「潜在的な力」と合成させて、「作用する力」を生み出しているのである。

2　構造的支配－権力パラダイムにおける「構造と主体」

既存パラダイムは主体還元モデルであることが災いして、「構造的要因」を理論化できない。構造的支配－権力パラダイムは、構造還元モデルに陥ることなく、「社会構造」を理論化しようとするパラダイムである。

(1)　再生産様式における「社会構造」の作用のあり方

「構造的支配」概念というのは、端的には、ＣＲでいういくつかの「社会構造」の総体としての配置状況とその因果的作用のことである。そして、（構造的支配を構成する）諸「社会構造」は、「時間的先行性」を持った、ＩＮＵＳ条件を満たす、実在的領域における「ある特定の関係（群）」のことである。

では、この「時間的先行性」は歴史的にどこまで遡ることができ、「ある特定の関係（群）」とはどれほどの時間的・空間的広がりを持つのだろうか。まず、人間は生物学的だけでなく社会学的な意味でも生存するためには、一定の生産－交換－消費の循環プロセスを繰り返さなければならない。このような人類生存のための普遍的条件を歴史的に考えると、世界社会システムは、いわゆる文明の発生とともに生成し、「再生産様式（労働生産物の交換－分配－消費プロセス）」を成立させる「生産関係」の一部が「商品関係」となることで「資本蓄積の累積的プロセス」を作動させている。五〇〇〇年の歴史を持つ世界社会システムは「資本蓄積の累積圧力」を駆動因として、現在も変動している。

現代における世界社会システムにおける再生産様式は「商品化」されており、金融・購買・労働・販売市場が活用される。各市場は当該企業にとって「先行する諸条件」「社会構造」である。時空的条件によって、ある特定の「競争ないし独占構造」を呈し、当該企業の経営過程形成上の必要条件として因果的に作用する（ＩＮＵＳ条件）。このような「競争ないし独占構造」のあり方を構造的支配－権力パラダイムでは「市場的社会構造」として概念化している。

(2)　生産様式における「社会構造」の作用のあり方

では、「企業」という形態の生産様式（人間労働と生産手段の結合様式）にはどのような特殊性があるのだろうか。経営過程の形態形成を考えた場合、「市場的社会構造」の因果的作用を受けているが、その因果的作用は人間主体に完全に依存している。人間主体の選択的行為が「動力因」ではある。しかし、人間主体の「潜在的な力」も真空状態で発動されるわけではなく、「企業的社会構造」と呼べる「生産関係」を通じてである。ある特定時点における「経営組織」と表現されうる人間（諸）主体の活動体系というのは、当該時期に人間（諸）主体が「先行する諸条件」として利用・活用・制約されざるを得ない。これが「企業的社会構造」である。すなわち、経営諸過程の生成・形態変形というのは、当該企業が置かれている各「市場的社会構造」の「潜在的な力」と当該企業における「社会構造」としての「企業的社会構造」の「潜在的な力」とが、人間主体の選択的行為が持つ「潜在的な力」と合成されることで形態変化した「作用する力」の結果なのである。(10)

(3)　「人間主体」の作用のあり方

「動力因」である人間主体の概念化のために、まず、「所有」を、従来より包括的な「関係行為」「過程」として捉えることで（所有行為）、企業内外に空間的に広がる多くの人間主体の因果的作用を把握することが可能となる。

次に、「社会構造」は人間主体が活用せざるを得ない必要条件であったが、人間主体に完全依存しつつ作用するのだった。そこで、「意思決定」概念を導入することで、現在時の「人間主体」の選択的行為に対して、時間的に先行して広がる「社会構造」の「潜在的な力」を理論化することになる。

こうして、企業に関わる様々な人間主体の所有行為を、「潜在的な力」を持った単なる現在時の所有行為としてのみでなく、そこに至り付くまでに必要条件として活用される「社会構造の作用」が人間主体の作用形態の一契機として（実在的領域で）組み込まれている側面を捕捉できるようになるのである。

3　構造的支配－権力パラダイムの説明力

片岡説でも完全には解決できなかった問題は、当該企業における「ある特定領域」が、「ある特定の時期」に、なぜ戦略的要因となるのか、を突き止められない点にあった。すなわち、多くの「所有行為」がどういう「比重」で絡み合っているのかを静態的にしか説明できなかった。

では、この難点を構造的支配－権力パラダイムではどのように解決するのだろうか。

まず、片岡説でいう「市場における生産関係」「企業における生産関係」を、CRでいう「社会構造」概念を媒介させて、それぞれ「市場的社会構造」「企業的社会構造」と概念規定する。そして、これら諸「社会構造」と「所有行為」とは存在論的位相が異なり、社会構造は所有行為の「背後」「深い層」「実在的領域」で、必要条件として（ＩＮＵＳ条件）作用すると考える。

こうして、「市場的社会構造」「企業的社会構造」の総体（構造的支配）が考慮されると、時間的推移の中で動態的に変移する「戦略的要因」を特定化することができるようになる。

次に、特定の時空的条件における「戦略的要因」を解決するべくなされる「所有行為」が指令的権力[11]を、この権力の認知情報に介入する「所有行為」が制約的権力⑿を、指令的権力の結果から収益を抜き取る「所有行為」が収益的権力⒀を、それぞれ構成することになる。

すなわち、ある特定時点における諸社会構造の総体的配置状況によって生み出される因果的作用としての「構造的支配」を考慮することで、「戦略的要因」「戦略的所有行為」が特定化でき、それを通じて諸「所有行為」間の比重が析出され、どの「所有行為」がどのタイプの権力になるのかを描出させてくれるのである。

以上のことから、「構造的支配」概念を考慮すると、当該企業の当該時空的条件下において、動態的に変移する「戦略的要因」が特定化でき、多くの主体による単なる権力の連鎖を、「タイプ化された権力」の絡み合いとして描けることが可能になる。こうして、「所有行為」間・「意思決定」間がどういう「比重」で絡み合っているのかという、既存パラダイムにも片岡説にも共通していた難点が解消されることになる。

構造的支配—権力パラダイムは片岡「生産諸関係」説の到達点を継承しているだけではない。「生産関係＝活動の交換のやり方」を、片岡「会社自体」説のように「企業内レベル」「金融市場」の領域に限定せず、それ以外の市場にも貫徹させる。「構造的支配」は動態的に変移する多くの人間主体の権力の絡みをタイプ化して具体的に説明させてくれるのである。

注

（1）本稿は三つの拙稿「構造的支配—権力パラダイムの学説史的位置付け（1）（2）（3）」『龍谷大学経営学論集』第四七巻第一・二号、第三号、第四号、二〇〇七—二〇〇八年を基礎に大幅な加筆・修正を行ったものである。また、レフリーの方に適切な改善点をご指摘頂いた。この場を借りてお礼申し上げる。

（2）拙著『企業支配論の統一的パラダイム—「構造的支配」概念の提唱—』文眞堂、二〇〇七年で提唱しているパラダイムである。

（3）本稿での「パラダイム」の定義は「支配という現象に関して、概念的に説明するときの論理構造」であるが、研究者の持つ前提化された社会認識が「説明の論理構造」に無意識的に影響するという原義のニュアンスを含ませ、使用している。

（4）本稿は片岡説との接点に力点があり、既存パラダイムに属する個別学説の批判的吟味は別途、龍谷大学経営学論集で連載中である。参照してほしい。
（5）人間が経験しているかどうかは別にして、ある事象や状況が実際に起きている領域のことを意味する。
（6）人間が当該「事象」を実際に経験している経験や印象という領域のことを意味する。
（7）存在論的には社会原子論、方法論的には個人主義である。
（8）存在論的には社会実体論、方法論的には全体主義である。
（9）「因果的作用を保持する（ＩＮＵＳ条件）」とは、その存在自体が力を保持している場合だけでなく、「ある特定の社会事象の生成・出現にとっては十分条件となっているような諸条件のうち、必要条件の部分」も含まれる。この条件を満たす「社会構造」も実在しているとみなすということである。
（10）「企業的社会構造」の具体的中身は「先行するある特定の経営組織・管理組織」「先行する思考習慣」などである。
（11）「社会構造を利用することで、ある特定内容の指令を発する、ある単位が持つ能力」を意味する。
（12）「直接的に命令するわけではないが、社会構造を利用することで、他者の意思決定における認知情報に介入し、行使される命令情報の選択可能性を制約する、ある単位が持つ能力」を意味する。
（13）「社会構造を利用することで、自律的な他者の意思決定を通じて、自らの利益を獲得できる、ある単位が持つ能力」を意味する。

Ⅳ 文献

ここに掲載の文献一覧は、第Ⅰ部の統一論題論文執筆者が各自のテーマの基本文献としてリストアップしたものを、年報編集委員会の責任において集約したものである。

一　ドイツ経営学とアメリカ経営学における理論と実践

外国語文献

1 Boudon, Raymond, *The Logic of Social Action,* Routledge & Kegan Paul, 1981.
2 Boudon, Raymond, *The Unintended Consequences of Social Action,* Macmillan, 1982.
3 Boudon, Raymond, *Theories of Social Change,* Cambridge : Polity Press, 1986.
4 Donaldson, Lex, *In Defense of Organization Theory,* Cambridge University Press, 1985.
5 Dubin, Robert, "Theory Building in Applied Areas," in Marvin D. Dunnete, *Handbook of Industrial and organizational Psychology,* Chicago : Rand McNally, 1976.
6 Fischer-Winkelmann, W. F., *Methodologie der Betriebswirtschstslehre,* 1971.
7 Giddens, Anthony, *New Rules of Sociological Method,* Oxford : Polity Press, 1993.
8 Gutenberg, E., Die gegenwärtigen Situation der Betriebswirtschaftslehre, *ZfhF NF. 12 Jg.,* 1960.
9 Gutenberg, E., Zur Frage des Normativen in den Sozialwissenschaten, in : *Sozialwissenschaften und Gesellschaftsgestaltung, Festschrift für G. Weisser,* Hrsg., von F. Karrenberg und H. Albert, Berlin 1963.
10 Habermas, J., *Theorie und Praxis : Sozialphilosophische Studien,* Neuwied 1953.（細谷貞雄訳『理論と実践―社会哲学論集（第二刷）』未来社、一九七五年。）
11 Habermas, J., Wahrheitstheorie, in : *Wirklichkeit und Reflexion, Festschrift für W. Schulz, Pfullingen,* 1973.
12 Hoills, Martin, *The Philosophy of Social Science : An Introduction,* Cambridge University Press, 1994.
13 Kappler, E., Zum Theorie-Praxis-Verhältnis einer noch zu entwickelnden kritischen Theorie der Betriebswirtschaftspolotik, in : Hans Ulrich (Hrsg.), *Zum Praxisbezug der Betriebswirtschaftslehre in Wissenschatstheoretischer Sicht,* Verlag Paul Haupt, Bern, Stuttgart 1976, SS. 107-133.

14 Kuhn, S. Thomas, *The Structure of Scientific Revolution,* Chicago, 1962.（中山 茂訳『科学革命の構造』みすず書房、一九七一年。）

15 Lakatos, I., Falsifikation und die Methodologie wissenschaftlicher Forschungsprogramme, in : *Kritik und Erkenntnisfortschritt,* (Hrsg., I. Lakatos/A. Musgrave) Vieweg 1974, Title der Originalausgabe : *Criticism and the Growth of Knowledge,* Cambridge University Press, London, 1970.

16 Petri, Klaus, *Kritische Betriebswirtschaftslehre : Eine Auseinandersetzung mit dem kritischen raionalismus Karl Popper vor dem Hintergrund der Probleme der Betriebswirtschaftlichen Forschungspraxis,* Verlag Harri Deutsch, Zürich, Frankfurt/Main 1976.

17 Popper, Karl, *Logik der Forschung,* vierte verbesserte Auflage, 1971.（大内義一・森 博共訳『科学的発見の論理（上）（下）』恒星社厚星閣、一九七一年、一九七二年。）

18 Schanz, G., Zum Prinzip der Wertfreiheit in der Betriebswirtschaftslehre, *ZfbF, 24 Jg.*, 1971.

19 Steinmann, H., Die Unternehmung als Interessenverbund, in : *BFuP 28 Jg.*, Januar 1976.

20 Steinmann, H., und anderen, Betriebswirtschaftslehre und Praxis : Vorüberlegung auf der Grundlage der konstruktiven Philosophie und Wissenschaftsteorie, H. Ulrich (Hrsg.), *Zum Praxisbezug der Betriebswirtschaftslehre in wissenschaftsthoretischer Sicht,* Bern 1976.

21 Weber, M., Kritische Studien auf dem Gebiet der kulturwissenchaftlichen Logik, in : Weber, M., *Gesammelte Aufsätze zur Wissenschatslehre, 3. Auflage,* J. C. B. Mohr (Paul Siebeck) Tübingen 1968, SS. 215-290.

22 W. S. I. Gruppe, *Grundelemente einer arbeitsorientierten Einzelwirtschaftslehre : Ein Beitrag zur politischen Ökonomie der Unternehmung,* 1974.

日本語文献

1 長岡克行「西ドイツにおける経営経済学批判と『労働指向的個別経済学（1）、（2）、（3）』」東京経大学会誌、九七・九八号、一〇四号、一〇五号。

2 細谷　昂『社会科学への視角』汐文社、一九六九年。

二　経営〝共育〟への道

日本語文献

1 齊藤毅憲稿「インターンシップ」『横浜市立大学論叢』第五六巻第二号、二〇〇五年。
2 齊藤毅憲稿「経営教育の新たな胎動」『オフィス・オートメーション』第二六巻第四号、二〇〇六年。
3 齊藤毅憲稿「地域経営論教育の発展」『創価経営論集』第三一巻第三号、二〇〇七年。
4 齊藤毅憲稿「大学における『キャリア開発』教育」『横浜市立大学論叢』第五八巻第一・二・三号、二〇〇七年。
5 齊藤毅憲・他稿「社会人大学院についてのアンケート調査」『現代経営研究』第一〇号、二〇〇七年。
6 齊藤毅憲監修『横浜産業のルネサンス』学文社、二〇〇七年。
7 齊藤毅憲稿「これからの経営学教育」『龍谷大学経営学部創設40周年記念事業報告集』、二〇〇八年。
8 齊藤毅憲監修『横浜の産業とマチづくり』学文社、二〇〇八年。

三　経営学の研究者になるということ――経営学研究者養成の現状と課題――

外国語文献

1 Amdam, R. P. (ed.), *Management, Education and Competitiveness: Europe, Japan and the United States*, London: Routledge, 1996.
2 Bryman, A., *Research Methods and Organization Studies*, London/NY: Routledge, 1989.
3 Byrt, W. (ed.), *Management Education: An International Survey*, London: Routledge, 1989.
4 Engwall, L. and Zamagni, V. (eds.), *Management Education in Historical Perspective*, Manches-

ter University Press, 1998.
5　Kambayashi, N., Morita, M. and Okabe, Y., *Management Education in Japan*, Oxford : Chandos Publishing, 2007.
6　Mintzberg, H., *Managers Not MBAs : A Hard Look at the Soft Practice of Managing and Management Development*, San Francisco : Berrett-Koehler Publishers, 2004.（池村千秋訳『ＭＢＡが会社を滅ぼす』日経ＢＰ社、二〇〇六年。）

日本語文献
1　伊丹敬之『創造的論文の書き方』有斐閣、二〇〇一年。
2　片岡信之・齊藤毅憲・佐々木恒男・高橋由明・渡辺　峻共編著『経営・商学系大学院生のための論文作成ガイドブック』文眞堂、二〇〇四年。
3　上林憲雄・奥林康司・團　泰雄・開本浩矢・森田雅也・竹林　明『経験から学ぶ経営学入門』有斐閣、二〇〇七年。
4　小森陽一編著『研究する意味』東京図書、二〇〇三年。
5　藤本隆宏・新宅純二郎・粕谷　誠・高橋伸夫・阿部　誠『リサーチ・マインド　経営学研究法』有斐閣、二〇〇五年。

四　日本におけるビジネススクールの展開と二十一世紀への展望

日本語文献
1　青井倫一「日本におけるビジネススクールの課題とＫＢＳの挑戦」『オペレーションズ・リサーチ』二〇〇五年十二号。
2　天野郁夫「専門職大学院の衝撃」『ＩＤＥ』№四四五、民主教育協会、二〇〇二年十二月。
3　石川　昭「日米ビジネススクールの回顧、現状と展望」『経営行動科学』第十七巻、第二号、二〇〇三年、六九―七六頁。
4　デイビッド・Ｗ・ユーイング、茂木賢三郎『ハーバード・ビジネス・スクールの経営教育』ＴＢＳブリタニカ、一九九九三年。
5 H・J・パーキン、有本 章編訳『イギリス高等教育と専門職社会』玉川大学出版部、一九九八年。
6 ヘンリー・ミンツバーグ、池村千秋訳『MBAが会社を滅ぼす』日経BP社、二〇〇六年。

五 経営理論の実践性とプラグマティズム

外国語文献

1 Anderson, D., "Business Ethics and Pragmatic Attitude," in Frederick, R. T. (ed.), *A Companion to Business Ethics*, Blackwell, 1999.
2 Aristotle, *Ethica Nicomachea.*（高田三郎訳『ニコマコス倫理学（上）』岩波書店、一九七一年。）
3 Dewey, J., "The Logical Conditions of a Scientific Treatment of Morality (1903)," in Boydston, J. A. (ed.), *John Dewey: The Middle Works*, Vol. 3, Southern Illinois University Press, 1983.
4 Dewey, J., "The Logic of Judgments of Practice (1915)," in Boydston, J. A. (ed.), *John Dewey: The Middle Works*, Vol. 8, Southern Illinois University Press, 1985.
5 Dewey, J., *Reconstruction in Philosophy* (1920), in Boydston, J. A. (ed.), *John Dewey: The Middle Works*, Vol. 12, Southern Illinois University Press, 1983.
6 Dewey, J., *The Quest for Certainty* (1929), in Boydston, J. A. (ed.), *John Dewey: The Later Works*, Vol. 4, Southern Illinois University Press, 1988.
7 Dewey, J., *Individualism Old and New* (1930), Prometheus Books, 1999.
8 Dewey, J., and J. H. Tufts, *Ethics, Revised* (1932) in Boydston, J. A. (ed.), *John Dewey: The Later Works*, Vol. 7, Southern Illinois University Press, 1989.
9 Putnam, H., *Ethics without Ontology*, Harvard University Press, 2004.（関口浩喜・渡辺大地・入江さつき訳『存在論抜きの倫理』法政大学出版局、二〇〇七年。）

10 Ryan, C. S. V. L. V., Nahser, F. B., and W. W. Gasparski (eds.), *Praxiology and Pragmatism* (*Praxiology : The International Annual of Practical Philosophy and Methodology,* Vol. 10), Transaction Publishers, 2002.

日本語文献

1 「『公器』の経営」『ダイヤモンド・ハーバード・ビジネス・レビュー』ダイヤモンド社、二〇〇八年、一月号。
2 田辺繁治『生き方の人類学――実践とは何か』講談社、二〇〇三年。
3 野中郁次郎・紺野　登『美徳の経営』ＮＴＴ出版、二〇〇七年。
4 村田晴夫「経営哲学の意義」経営哲学学会編『経営哲学とは何か』文眞堂、二〇〇三年。
5 山本安次郎『経営学研究方法論』丸善、一九七五年。

六　ドイツの経営理論で、世界で共通に使えるもの

外国語文献

1 OECD, "OECD Principles of Corporate Governance," OECD, 2004.（ＯＥＣＤ事務局・外務省訳『ＯＥＣＤコーポレート・ガバナンス原則』ＯＥＣＤ事務局・外務省、二〇〇四年。
2 Picot, A., Dietl, H. and Franck, E., *Organisation – Eine Ökonomische Perspektive –*, 4 Auflage, Stuttgart, 2005.（ピコー・ディートル・フランク著、丹沢・小山他訳『新制度派経済学による組織入門』白桃書房、二〇〇七年。）
3 Witt, P., *Corporate Governance-Systeme im Wettbewerb,* Gabler, 2003.

日本語文献

1 石崎忠司・中瀬忠和編著『コーポレート・ガバナンスと企業価値』中央大学企業研究所叢書二七、中央大学出版部、二

〇〇七年。
2　海道ノブチカ『現代ドイツ経営学』森山書店、二〇〇一年。
3　海道ノブチカ『ドイツの企業体制』森山書店、二〇〇五年。
4　小山明宏『コーポレート・ガバナンスの日独比較』白桃書房、二〇〇八年。
5　関　孝哉『コーポレート・ガバナンスとアカウンタビリティ』商事法務、二〇〇六年。
6　日本コーポレート・ガバナンス・フォーラム、パフォーマンス研究会編『コーポレート・ガバナンスと企業パフォーマンス』白桃書房、二〇〇一年。
7　日本コーポレート・ガバナンス・フォーラム編、OECD東京センター協力『OECDコーポレート・ガバナンス――改訂OECD原則の分析と評価――』明石書店、二〇〇六年。
8　吉森　賢『日本の経営・欧米の経営』放送大学教育振興会、一九九六年。

七　現代CSRの基本的性格と批判経営学研究の課題・方法

外国語文献

1　Mitchell, N. J., *The Generous Corporation : A Political Analysis of Economic Power*, Yale University Press, New Haven, 1989.（松野　弘・小阪隆秀監訳『社会にやさしい企業』同友館、二〇〇三年。）
2　Sheldon, O., *The Philosophy of Management*, Sir Isaac Pitman & Sons, London, 1923.（田代義範訳『経営管理の哲学』未来社、一九七四年。）
3　Smith, A., *The Theory of Moral Sentiments*, edited by Raphael, D. D. and Macfie, London, Oxford University Press, 1976.（水田　洋訳『道徳感情論（上・下）』岩波文庫、二〇〇三年。）

日本語文献

1　吾郷眞一『労働CSR入門』講談社現代新書、二〇〇七年。

2　稲上　毅・連合総合生活開発研究所編『労働ＣＳＲ――労使コミュニケーションの現状と課題――』ＮＴＴ出版、二〇〇七年。
3　稲村　毅・百田義治編著『経営組織の論理と変革』ミネルヴァ書房、二〇〇五年。
4　奥村　宏『株式会社に社会的責任はあるか』岩波書店、二〇〇六年。
5　鈴木幸毅・百田義治編著『企業社会責任の研究』中央経済社、二〇〇八年。
6　藤井敏彦『ヨーロッパのＣＳＲと日本のＣＳＲ』日科技連出版社、二〇〇五年。
7　松野　弘・堀越芳昭・合力知工編著『「企業の社会的責任論」の形成と展開』ミネルヴァ書房、二〇〇六年。
8　丸山惠也編著『批判経営学』新日本出版社、二〇〇五年。

V 資料

経営学史学会第十六回大会実行委員長挨拶

高橋由明

経営学史学会第十六回全国大会は、東京八王子に立地する中央大学多摩キャンパスで、二〇〇八年五月十六日から十八日にわたって行われました。

中央大学は、慶応大学、早稲田大学が、一人の思想家、政治家によって創立されたのとは違い、少壮の法律家十八人により一八八五（明治十八）年に、英吉利法律学校として創設されました。一九〇五年に経済学科、一九〇九年には商業学科が設置され、法律学科、経済学科、商学学科の三学科を有する旧制の大学となりました。また、私など経営学史学会会員の属する商学部は、来年の二〇〇九年には百周年を迎えます。現在、多摩キャンパスには文学部、総合政策学部も合わせて五学部、そして都心には理工学部があり、さらに各学部は大学院を有し、専門職大学院として、ロースクールと国際アカウンティングスクールがあり、合計約二万八〇〇〇人の学生（留学生約五百人）が学んでいます。

ところで、今年の経営学史学会大会は、統一論題を「経営理論と実践」に設定し、「経営学教育と経営教育」「経営理論の実践性」のサブテーマのもとに、基調報告、「経営理論と実践」に関してはアメリカ、ドイツ、日本の視点からの三人の報告が、学部教育、大学院の教育に関して二人の報告が行われ、さらにビジネス・スクールに関しては、会員以外から三人のパネラーを招き、活発な質疑・討論が行われました。

大会参加者総数は一一九名を数え、報告三〇分、討論者コメント二〇分、質疑三〇分という時間いっぱいまで論点を深めるといった、わが経営学史学会の伝統はいよいよ定着し、今回の大会も、参加会員が学問的刺激を受け、さらに質問し切磋琢磨するという、いわば学問の道場になったものと信じています。

こうして大会を盛会に導いてくれましたのは、参加者各会員諸氏の日ごろの学問への積極的取り組みもありますが、大会準備にあたり、前理事長片岡信之会員をはじめとする諸役員経験者の懇切丁寧なアドバイスがあったからであります。それらの方々には心からお礼申し上げます。こうしたご支援にもかかわらず、大会事務局の不十分さから、一部の参加者会員には、予稿集の送付が遅延したことを深くお詫び申し上げます。

最後に、来年の大会においても、経営学史学会全国大会という学問の道場が益々活性化し、学問の発展に寄与していくことを期待します。また、今大会の準備にあたり事前準備や当日準備委員に関わった中央大学の院生諸君にもお礼申し上げます。

第十六回大会をふりかえって

勝部伸夫

経営学史学会第十六回大会は、二〇〇八年五月十六日（金）から十八日（日）まで中央大学（多摩校舎）で開催された。今回の大会の統一論題には「経営理論と実践」が掲げられ、サブテーマとして「経営理論の実践性」と「経営学教育と経営教育」の二つの柱が立てられた。

まず大会実行委員長・高橋由明会員の開会の辞に続き、同会員より「現実・実践に役立つ科学とは」と題する基調報告が行われた。引き続き、二日間にわたって統一論題の六つの報告が行われた。サブテーマ①「経営学教育と経営教育」として、学部、大学院、専門職大学院という三つのレベルでの事例が取り上げられた。学部教育に関しては齊藤毅憲会員から「経営〝共有〟への道―ゼミ活動の軌跡から」、大学院教育に関しては上林憲雄会員から「経営学の研究者になるということ―経営学研究者養成の現状と課題―」の報告があり、さらに専門職大学院（ビジネススクール）に関しては丹沢安治会員をコーディネータに、パネリストである高橋宏幸氏、高橋文郎氏、中西正雄氏の三氏から、「日本におけるビジネススクールの展開と二十一世紀への展望」という題目でそれぞれ報告が行われた。いずれも経営学教育・経営教育の最前線で活躍する研究者の報告であり、非常に示唆に富む内容であった。翌日は、サブテーマ②「経営理論の実践性」として、アメリカ、ドイツ（語圏）、日本の三カ国における経営理論と実践についての報告が行われた。アメリカに関しては岩田浩会員から「経営理論の実践性とプラグマティズム―ジョン・デューイの思想を通して―」、ドイツに関しては小山明宏会員から「ドイツの経営理論で、世界で共通に使えるもの」、日本に関しては百田義治会員から「現代日本企業のＣＳＲ課題に関する批判経営学的考察」が報告された。経営学は実践性と不可分ではあるが、いずれの報告も経営理論の実践性の内容、あるいは実践性の意義をどう捉えるべきなのかを改めて問うており、「経営理論と実践」というテーマを深く考えさせるものであった。

自由論題に関しては、六つの報告が行われた。内容的には、ガバナンス論関連（支配論、内部統制論など）三つ、管理論・組織論関連二つ、経営教育論一つとなっており、各報告者とも意欲的に取り組んだ研究成果を発表した。

新緑が美しい多摩キャンパスでの今大会が充実したものになったのは、周到な準備をされた高橋由明大会委員長をはじめとする中央大学の皆様のお陰である。衷心より御礼申し上げます。

第十六回大会のプログラムは、次の通りである。

五月十七日（土）

【自由論題】（報告三〇分、チェアパーソンのコメント一〇分、質疑応答二〇分）

Ａ会場（二号館四階第一会議室）

九：三〇―一〇：〇〇　平澤　哲（ケンブリッジ大学・院生）「ステイクホルダー・アプローチにおける理論と実践の再検討」

チェアパーソン・今西宏次（同志社大学）

Ｂ会場（二号館四階第二会議室）

九：三〇―一〇：〇〇　渡邉弥生（横浜国立大学・院生）「チーム医療の必要性に関する試論―看護師の実務

経験をもとにして―」
チェアパーソン・島田　恒（京都文教大学）

C会場（二号館四階第四会議室）
九：三〇―一〇：〇〇　西川耕平（甲南大学）「組織開発の学説―組織開発の歴史的整理と展望―」
チェアパーソン・大平義隆（北海学園大学）

【開会・基調報告】（一号館一四〇七号、第五会議室）
一〇：四〇―一一：〇五　開会の辞：大会実行委員長　高橋由明（中央大学）
基調報告：高橋由明（中央大学）「現実・実践に役立つ科学とは」
司会者：片岡信之（桃山学院大学）

【統一論題】（一号館一四〇七号、第五会議室）（報告三〇分、討論二〇分、質疑応答三〇分）
一一：〇五―一二：二五　サブテーマ①経営学教育と経営教育（学部教育）
齊藤毅憲（横浜市立大学）「経営〝共育〟への道―ゼミ活動の軌跡から―」
討論者：渡辺　峻（立命館大学）
司会者：高橋俊夫（明治大学）
一三：二五―一四：四五　サブテーマ①経営学教育と経営教育（大学院教育）
上林憲雄（神戸大学）「経営学の研究者になるということ―経営学研究者養成の現状と課題―」
討論者：河合忠彦（中央大学専門職大学院戦略経営研究科）
司会者：岸田民樹（名古屋大学）

一四：五〇―一六：一〇　サブテーマ①経営学教育と経営教育（ビジネススクール）
コーディネータ：
丹沢安治（中央大学）「日本におけるビジネススクールの展開と二十一世紀への展望」
パネリスト：
高橋宏幸（中央大学専門職大学院戦略経営研究科）
高橋文郎（青山学院大学大学院国際マネジメント研究科）
中西正雄（関西学院大学専門職大学院経営戦略研究科名誉教授）

【会員総会】（一号館一四〇七号、第五会議室）
一六：二〇―一七：五〇
【懇親会】（一号館一四一〇号、第八会議室）
一八：〇〇―二〇：〇〇
五月一八日（日）
【自由論題】（報告三〇分、チェアパーソンのコメント一〇分、質疑応答二〇分）
A会場（二号館四階第一会議室）
九：一五―一〇：一五　坂本雅則（龍谷大学）「片岡説と構造的支配―権力パラダイムの接点」
チェアパーソン・田中照純（立命館大学）
B会場（二号館四階第二会議室）
九：一五―一〇：一五　境　新一（成城大学）「食品偽装事件にみる企業の内部統制とリスク管理の意義と限界―法と経営学の視点から―」

チェアパーソン・西岡健夫（追手門学院大学）

C会場（二号館四階第四会議室）

九：一五―一〇：一五　砂川和範（中央大学）「実学の思考と科学的方法―実業と教育―」

チェアパーソン・岡田和秀（専修大学）

【統一論題】（一号館一四〇七号、第五会議室）（報告三〇分、討論二〇分、質疑応答三〇分）

一〇：三〇―一一：五〇　サブテーマ②経営理論の実践性（アメリカ）

岩田　浩（追手門学院大学）「経営理論の実践性とプラグマティズム―ジョン・デューイの思想を通して―」

討論者：福永文美夫（久留米大学）

司会者：小笠原英司（明治大学）

一二：五〇―一四：一〇　サブテーマ②経営理論の実践性（ドイツ）

小山明宏（学習院大学）「ドイツの経営理論で、世界で共通に使えるもの」

討論者：海道ノブチカ（関西学院大学）

司会者：渡辺敏雄（関西学院大学）

一四：一五―一五：三五　サブテーマ②経営理論の実践性（日本）

百田義治（駒澤大学）「現代日本企業のＣＳＲ課題に関する批判経営学的考察」

討論者：黒田兼一（明治大学）

司会者：仲田正機（京都橘大学）

【大会総括・閉会の辞】（一号館一四〇七号、第五会議室）

一五：三五―一六：〇〇　大会総括：理事長　片岡信之（桃山学院大学）

閉会の辞：大会実行委員会　丹沢安治（中央大学）

執筆者紹介（執筆順　肩書には大会後の変化が反映されている）

髙《たか》橋《はし》由《よし》明《あき》（中央大学教授）
主著『グーテンベルク経営経済学――基礎理論と体系――』中央大学出版部、一九八三年
『日本語とベトナム語で学ぶ経営学と日本の企業経営（対訳）』ベトナム、ニャー・ナム社、二〇〇九年

岩《いわ》田《た》浩《ひろし》（追手門学院大学教授）
主要論文「バーナードの道徳的プラグマティズム」河野大機・吉原正彦編『経営学パラダイムの探求』文眞堂、二〇〇一年、第五章
「プラグマティズムと経営理論」経営学史学会編『経営学を創り上げた思想』文眞堂、二〇〇四年

小《こ》山《やま》明《あき》宏《ひろ》（学習院大学教授）
主著『コーポレート・ガバナンスの日独比較』白桃書房、二〇〇八年
主要論文 "Japanisches Management im Wandel," in: Gruen, O. et al. (Hrsg.), *Managementinstrumente und -konzepte*, C. H. Beck Muenchen 1999

百《ひゃく》田《た》義《よし》治《はる》（駒澤大学教授）
主著『経営組織の論理と変革』（編著）ミネルヴァ書房、二〇〇五年
『企業社会責任の研究』（編著）中央経済社、二〇〇八年

齊《さい》藤《とう》毅《たけ》憲《のり》（関東学院大学教授）
主著『現代日本の大学と経営学教育』成文堂、一九八一年

『現代の経営教育』中央経済社、一九八七年

上林《かんばやし》憲雄《のりお》（神戸大学大学院経営学研究科教授）

主著『異文化の情報技術システム——技術の組織的利用パターンに関する日英比較——』千倉書房、二〇〇一年

高橋《たかはし》文郎《ふみお》（青山学院大学大学院国際マネジメント研究科長、教授）

主著『経営財務入門』井手正介との共著、日本経済新聞出版社、二〇〇九年

Cultural Influences on IT Use, Palgrave Macmillan, 2002

『エグゼクティブのためのコーポレート・ファイナンス入門』東洋経済新報社、二〇〇六年

中西《なかにし》正雄《まさお》（関西学院大学名誉教授、同大学大学院経営戦略研究科客員教授）

主著『小売吸引力の理論と測定』千倉書房、一九八三年

『消費者行動分析のニューフロンティア』（編著）誠文堂新光社、一九八四年

高橋《たかはし》宏幸《ひろゆき》（中央大学大学院戦略経営研究科研究科長、教授）

主著『戦略的持ち株会社の経営』中央経済社、二〇〇八年

『現代経営・入門』有斐閣、二〇〇二年

丹沢《たんざわ》安治《やすはる》（中央大学大学院戦略経営研究科、総合政策学部教授）

主著『新制度派経済学による組織研究の基礎——制度の発生とコントロールへのアプローチ——』白桃書房、二〇〇〇年

渡邉《わたなべ》弥生《やよい》（横浜国立大学大学院博士課程後期）

主要論文「ライン河上流のバイオ・クラスターにおけるガバナンス構造——コーシアン・イノベーションとイノベーション・ミックスの視点から——」『三田商学研究』第四九巻、第四号、慶應義塾大学商学会、二〇〇六年

主要論文「産科における有害事象に関する研究」『医療と社会』財団法人 医療科学研究所、Vol. 16, No. 1, 2006

西《にし》川《かわ》耕《こう》平《へい》（甲南大学ＥＢＡ高等教育研究所教授）

主要論文「組織論のポジティブアプローチ」『甲南経営研究』第四九巻、第二号、二〇〇八年

「組織行動と組織開発におけるポジティブアプローチ」『甲南経営研究』第四八巻、第一・二号、二〇〇七年

坂《さか》本《もと》雅《まさ》則《のり》（龍谷大学准教授）

主著『企業支配論の統一的パラダイム――「構造的支配」概念の提唱――』文眞堂、二〇〇七年

主要論文「アメリカ型ガバナンス論の理論的限界」片岡信之・海道ノブチカ編著『現代企業の新地平――企業と社会の相利共生を求めて――』千倉書房、二〇〇八年、第三章

経営学史学会年報掲載論文（自由論題）審査規定

一　本審査規定は本学会の年次大会での自由論題報告を条件にした論文原稿を対象とする。

二　編集委員会による形式審査

原稿が著しく規定に反している場合、編集委員会の責任において却下することができる。

三　査読委員の選定

査読委員は、原稿の内容から判断して適当と思われる会員二名に地域的バランスも配慮して、編集委員会が委嘱する。なお、大会当日の当該報告の討論者には査読委員を委嘱しない。また会員に適切な査読者を得られない場合、会員外に査読者を委嘱することができる。なお、原稿執筆者と特別な関係にある者（たとえば指導教授、同門生、同僚）には、査読者を委嘱できない。

なお、査読委員は執筆者に対して匿名とし、執筆者との対応はすべて編集委員会が行う。

四　編集委員会への査読結果の報告

査読委員は、論文入手後速やかに査読を行い、その結果を三〇日以内に所定の「査読結果報告書」に記入し、編集委員会に査読結果を報告しなければならない。なお、報告書における「論文掲載の適否」は、次のように区分する。

①適

②条件付き適⑴：査読委員のコメントを執筆者に返送し、再検討および修正を要請する。再提出された原稿の修正確認は編集委員会が負う。

③条件付き適⑵：査読委員のコメントを執筆者に返送し、再検討および修正を要請する。再提出された原稿は査読委員が再査読し、判断する。

④不適

五　原稿の採否

編集委員会は、査読報告に基づいて、原稿の採否を以下のようなルールに従って決定する。

①査読者が二名とも「適」の場合、掲載を可とする。

②査読者一名が「適」で、他の一名が「条件付き(1)」の場合は、執筆者の再検討・修正を編集委員会が確認した後、掲載の措置をとる。

③査読者一名が「適」で、他の一名が「条件付き(2)」の場合は、執筆者の再検討・修正を、査読者が再読・確認したとの報告を受けた後、掲載の措置をとる。

④査読者二名とも「条件付き(1)」の場合、あるいは査読者一名が「条件付き(1)」で他の一名が「条件付き(2)」の場合、また査読者が二名とも「条件付き(2)」の場合は、執筆者が再検討・修正のそれぞれの条件を満たしたことを編集委員会が確認した後、掲載の措置をとる。

⑤査読者一名が「条件付き(1)または(2)」で、他の一名が「不適」の場合、後者に再検討・修正後の投稿原稿を再査読することを要請するとともに、執筆者の反論をも示し、なお「不適」の場合には編集委員会がその理由を確認して、原則的には不掲載の措置をとる。ただし再査読後、編集委員会が著しく「不適理由」を欠くと判断した場合は、大会報告時の討論者の意見も参考にして、編集委員会の責任で採否を決定し、掲載・不掲載の措置をとる。

⑥査読者一名が「適」で、他の一名が「不適」の場合、大会報告時の討論者の意見、執筆者の反論をも考慮して、編集委員会の責任で採否を決定し、掲載・不掲載の措置をとる。

⑦査読者が二名とも「不適」の場合、掲載を不可とする。

六　執筆者への採否の通知

編集委員会は、原稿の採否、掲載・不掲載の決定を、執筆者に文書で通知する。

経営学史学会
年報編集委員会

委員長　庭本佳和（甲南大学教授）
委　員　高橋由明（中央大学教授）
委　員　長岡克行（東京経済大学教授）
委　員　岩田　浩（追手門学院大学教授）
委　員　丹沢安治（中央大学教授）
委　員　西岡健夫（追手門学院大学教授）
委　員　山口隆之（関西学院大学教授）
委　員　渡辺敏雄（関西学院大学教授）

編集後記

経営学史学会年報第十六輯は「経営理論と実践」を統一テーマのもとに、当学会第十六回全国大会の基調報告論文を含めた統一論題報告論文七本と自由論題報告論文三本をもって編集されている。経営学の学説的・歴史的考察、つまり経営理論史研究を主たる守備範囲とする経営学史学会にとって、「経営理論の実践性」を問う統一テーマは、いささか法を踰えているように思われるかもしれない。しかし、経営理論の学説的・歴史的研究は、実践性を無視して、学説間の関係を考察し、理論の歴史的評価をしているのではない。個々の学説的研究も、トータルな学史的研究も、経営理論が生れた時代における実践性と、時代を超えて、現代でもそのまま通用する実践性を備えているのか、あるいは理論の鍛造を必要とするのか、などを絶えず問いつつ展開しているからである。

「経営理論と実践」の関係は、機能現象である経営現象を研究対象として成立した経営学の学的性格を規定しており、経営学が絶えず自問せねばならない課題であろう。第十六回大会を踏まえた本年報は、「経営学教育と経営教育」と「経営理論の実践性」に視点を据えて、この課題に迫ろうとするものである。もちろん、経営行為(＝経営実践)が生みだす経営現象を把握し、さらなる発展を示唆する経営理論は、もともと実践性を内在させている。これを究明し引き出すことが、後者の役割である。しかし、それにとどまれば、経営理論研究に終わり、実践的影響力は限られている。経営理論が実践性を高めるには、深い研究に基づいた経営理論を広く普及させる教育の力が必要である。前者の諸論文は、この点を研究者養成と専門職教育などから明らかにしている。

自由論題論文が少ないのが残念であるが、査読などのチェック・システムが健全に働いた結果でもある。このようにシステムが作動し、今や編集委員長は誰でも勤まるようになった。もちろん、渡辺事務局長をはじめとする関西学院大学関係者の努力のおかげである。本当にいろいろ助けられた。深く感謝したい。（庭本佳和　記）

THE ANNUAL BULLETIN
of
The Society for the History of Management Theories

No. 16 May, 2009

Management Theories and Practice

Contents

Preface

Yoshiaki TAKAHASHI (Chuo University)

I **Meaning of the Theme**

II **Management Theories and Practice**

1 Ideas of Management Theories and Practice in German and English Speaking Areas

Yoshiaki TAKAHASHI (Chuo University)

2 Practice of Management Theory and Pragmatism: A Deweyan Approach

Hiroshi IWATA (Otemon Gakuin University)

3 On the Transferability of German Management Theory

Akihiro KOYAMA (Gakushuin University)

4 The Basic Characteristics of Modern CSR and the Research Problems and Methods of Critical Management Studies in Japan

Yoshiharu HYAKUTA (Komazawa University)

5 The Collaboration of Management Education between Students and Teacher: From My Experiences of Undergraduate Seminar

Takenori SAITOU (Kanto Gakuin University)

6 What Means to Become a Management Researcher? Present Conditions and Problems for Future
Norio KAMBAYASHI (Kobe University)

7 The Development of Business School in Japan and a Perspective to the 21st Century
Panelist 1: Fumio TAKAHASHI (Aoyama Gakuin University)
Panelist 2: Masao NAKANISHI (Kwansei Gakuin University)
Panelist 3: Hiroyuki TAKAHASHI (Chuo University)
Moderator: Yasuharu TANZAWA (Chuo University)

Ⅲ Other Themes

8 An Essay on the Interdisciplinary Team Care in the Hospitals: Based on the Theory of "Communities of Practice"
Yayoi WATANABE (Yokohama National University)

9 A Historic Assessment of OD
Kohei NISHIKAWA (Konan University)

10 A Comparison between the Theory Proposed by Shinshi Kataoka and the Structural Control - Power Paradigm
Masanori SAKAMOTO (Ryukoku University)

Ⅳ Literatures

Ⅴ Materials

Abstracts

Ideas of Theories and Practices of Management Actions in German and English Speaking Areas

Yoshiaki TAKAHASHI (Chuo University)

This articles deals with the ideas of management theories and practice in German and English speaking areas. To find a law on the natural and social science helps to anticipate future natural phenomena or social actions of human beings. However, can the law of social actions be as same as the law of natural sciences? The author firstly discusses on the study program to verify or falsify objectivity of the finding fact asserted by I. Lakatos. Secondly, he introduced the cognitive theories how do the people verify objectivity of the enterprise purpose that was discussed by German scholars, E. Kappler and H. Steinmann. Thirdly, author introduced the discussion of objectivity to verify management actions by Japanese scholar, T. Numagami. According to his assertion there are two different methods, to explain the objectivity of same management phenomenon by quantitative frequency and by making clear of mechanism for it to be happened in each case.

Practice of Management Theory and Pragmatism: A Deweyan Approach

Hiroshi IWATA (Otemon Gakuin University)

American Management Theory as a discipline which meets the practical demands of managers has developed based on the thought of pragmatism which makes much of practical aspect of knowledge. Pragmatism, however, has been often interpreted as utilitarian in this field and its inherent moral and value sides have been overlooked. The purpose of this paper is to correct such a limited understanding of pragmatism and analyze the radical practical significance which pragmatism will give to management theory, by making use of the Dewey's thoughts of civilization and practical-moral judgment. These thoughts will give a significant suggestion to the trend toward moralization of current management theory. Pragmatism, thus, contributes a philosophical ground to the management theory which searches for the right way of social practice.

On the Transferability of German Management Theory

Akihiro KOYAMA (Gakushuin University)

It is not clear, whether such a concept as 'German Management Theory' is regarded as a reasonable one as 'Japanese Management'. If we try, however, to distinguish German Management Theory from those of other countries, it may be valuable to notice the German Corporate Governance Code (hereafter GCGC) as a representative side of German Management Theory, because its concept is a rule that must be followed by 'good companies' in Germany. In comparison to GCGC, it is hardly to say, that there is a reasonable Corporate Governance Code in Japan. Although OECD Corporate Governance Code is one of the famous codes well known as internationally recognized codes, it is unfortunately not recognized by Nippon Keidanren. In my opinion,GCGC is a good frame of reference, so as to correct the wrong tendency in Japan. It is however again a difficult question, whether GCGC is transferable to Japan. So long as I know, the answer is 'Yes'.

The Basic Characteristics of Modern CSR and the Research Problems and Methods of Critical Management Studies in Japan

Yoshiharu HYAKUTA (Komazawa University)

CSR is the subject that critical management studies (CMS) of Japan has been researched throughout its history. First, this paper overviews the historical development of arguments of CSR and CMS in Japan, and presents the necessity that the special characteristics (the problems as modern corporation) and the universal characteristics (the problems as capitalistic enterprise) are related and considered. Moreover, through comparative study with the EU and Japan concerning modern CSR, it has been identified that basic problems of modern CSR are in employment, labor, and human rights, that is, labor CSR. It is necessary to locate CSR in the interaction of the enterprise and the society and it is essential that the various stakeholders unite in their objectives so that CSR is achieved. Finally, through such examinations, this paper presents some problems about the research and the research methodology of CMS related to CSR.

The Collaboration of Management Education between Students and Teacher: From My Experiences of Undergraduate Seminar

Takenori SAITOU (Kanto Gakuin University)

This paper deals with my two personal situations with regard to the study and practice of management education in Japanese university.

Firstly, I will describe the academic background and concerns which got me investigated the university education of management through the studies of development of management theory and education in USA.

Secondly, I as university professor, want to explain the history and chractristics of my undergraduate seminar over 35 years. By doing so, my teaching has gradually changed from the teacher-centered method to the collaboration between students and teacher.

What Means to Become a Management Researcher? Present Conditions and Problems for Future

Norio KAMBAYASHI (Kobe University)

This article clarifies the role today's Japanese university-based business schools play in bringing up management researchers. I develop a view that management studies seem, in general, interesting for graduate students because the objects/targets of research is mostly practical and they are easy to be familiar with most subjects. However, it takes a long time for them to really understand complex management phenomena. Empirical evidence from Kobe University Business School shows that both university's curriculum and student' attitudes/abilities can be obstacles to bring up a good management researcher. One of the most important findings in this article is that it is much more difficult in management field to bring up a good researcher than in other academic fields. Some reasons and possible solutions are suggested.

The Development of Business School in Japan and a Perspective to the 21st Century

Panelist 1: Fumio TAKAHASHI (Aoyama Gakuin University)
Panelist 2: Masao NAKANISHI (Kwansei Gakuin University)
Panelist 3: Hiroyuki TAKAHASHI (Chuo University)
Moderator: Yasuharu TANZAWA (Chuo University)

In this session, three panelists who had the educational experience in the business school discussed the following three points. (1) What is the business school? (2) What problem does it have? (3) How should we develop the business school in the 21st century?

After distinguishing features of the business school in Japan-U. S., Professor Fumio Takahashi is demonstrating the curriculum in the Aoyama Business School (Graduate School of International Management) where he belongs. Professor Masao Nakanishi introduced a peculiar curriculum in the Business School (Institute of Business and Accounting, Kwansei Gakuin University). After elucidating the difference of the business school in Japan-U. S., Professor Hiroyuki Takahashi is introducing the curriculum of Chuo Graduate School of Strategic Management.

経営理論と実践

経営学史学会年報　第16輯

二〇〇九年五月十五日　第一版第一刷発行

検印省略

編　者　経営学史学会

発行者　前野　弘

〒162-0041　東京都新宿区早稲田鶴巻町五三三

発行所　株式会社　文眞堂

電　話　〇三—三二〇二—八四八〇番

FAX　〇三—三二〇三—二六三八番

振　替　〇〇一二〇—二—九六四三七番

組版　オービット

印刷　平河工業社

製本　広瀬製本所

URL. http://wwwsoc.nii.ac.jp/08gakusi/index.html

http://www.bunshin-do.co.jp

ISBN978-4-8309-4650-9　C3034

●好評既刊

経営学の位相　第一輯

●主要目次

経営学の巨人　第二輯

●主要目次

日本の経営学を築いた人びと　第三輯

●主要目次

アメリカ経営学の潮流 第四輯

●主要目次

経営学研究のフロンティア 第五輯

●主要目次

経営理論の変遷　第六輯

●主要目次

経営学百年──鳥瞰と未来展望──　第七輯

●主要目次

組織管理研究の百年　第八輯

●主要目次

IT革命と経営理論　第九輯

●主要目次

現代経営と経営学史の挑戦——グローバル化・地球環境・組織と個人——　第十輯

●主要目次

経営学を創り上げた思想　第十一輯

●主要目次

ガバナンスと政策——経営学の理論と実践——　第十二輯

●主要目次

企業モデルの多様化と経営理論——二十一世紀を展望して——　第十三輯

●主要目次

経営学の現在――ガバナンス論、組織論・戦略論―― 第十四輯

●主要目次

現代経営学の新潮流——方法、ＣＳＲ・ＨＲＭ・ＮＰＯ——　第十五輯

●**主要目次**